maraboutchef

80 recettes faciles au fromage

Recettes de Pierre Nodet
Photographies de Charlotte Lascève
Stylisme de Lucy Oger

Sommaire

apéritif

prêt en 45 min

camembert au barbecue

1 camembert de Normandie
5 cl de calvados
1 branche de romarin
1 barbecue
5 amis

1 Enlevez le camembert de sa boîte. Faites tremper celle-ci 30 minutes dans de l'eau salée.
2 Piquez le camembert à l'aide d'une fourchette, arrosez-le de calvados, puis plantez-y des aiguilles de romarin.
3 Remettez le camembert dans sa boîte, entourez-la de papier d'aluminium et recouvrez de braises pour 10 minutes.
4 Dégustez à la cuillère.

pour 6 personnes
préparation 35 minutes
cuisson 10 minutes

vin conseillé beaujolais, brouilly (par exemple un château-de-la-pierre), rouge (15 °C)

prêt en 18 min

madeleines au bleu de Gex

150 g de bleu de Gex
100 g de beurre
4 œufs
230 g de farine
1 sachet de levure chimique
1 pincée de piment d'Espelette
le zeste de 1 orange râpé
1 c. à c. de thym citron frais

1 Enlevez la croûte du bleu de Gex et coupez-le en petits cubes.
2 Faites fondre le beurre jusqu'à ce qu'il blondisse et prenne une odeur de noisette.
3 Séparez les jaunes des blancs d'œufs et montez les blancs en neige ferme.
4 Mélangez la farine avec la levure chimique, le beurre fondu et les jaunes d'œufs, puis ajoutez le piment d'Espelette, le zeste d'orange et le thym citron frais.
5 Ajoutez les dés de bleu de Gex.
6 Incorporez délicatement les blancs en neige à la préparation. Remplissez aux deux tiers les alvéoles d'un moule antiadhésif à madeleines et enfournez pour 7 à 8 minutes à 200 °C.

pour 6 personnes
préparation 10 minutes
cuisson 7 à 8 minutes

vin conseillé pineau des Charentes (par exemple Ménard), blanc (8 °C)

prêt en 40 min

allumettes de chevrotin

1 chevrotin
250 g de pâte feuilletée
2 jaunes d'œufs
1 c. à c. de poivre mignonnette
1 c. à c. de paprika
1 c. à s. de graines de pavot

1 Coupez le chevrotin en fines lamelles.
2 Étalez finement la pâte feuilletée puis coupez-la en 2 bandes superposables.
3 Dorez une des deux bandes de pâte feuilletée au jaune d'œuf, disposez dessus des lamelles de chevrotin puis saupoudrez de poivre mignonnette et de paprika. Recouvrez avec l'autre abaisse de pâte feuilletée, donnez un coup de rouleau à pâtisserie pour faire adhérer les 2 bandes et mettez pour 15 minutes au congélateur.
4 Sortez le feuilletage du congélateur, dorez au jaune d'œuf le dessus puis parsemez de graines de pavot.
5 Coupez en fines lanières, disposez-les sur une plaque de four chemisée de papier sulfurisé et enfournez pour 10 minutes à 160 °C, jusqu'à ce que les allumettes soient bien dorées.

pour 6 personnes
préparation 15 minutes
congélation 15 minutes
cuisson 10 minutes

vin conseillé pouilly-sur-loire (par exemple un les-moulins-à-vent), blanc (9 °C)

prêt en 48 min

palmitos à l'abondance

3 échalotes
1 c. à s. d'huile d'olive
200 g d'abondance
1 pâte feuilletée à étaler
6 c. à s. de sauce tomate cuisinée
3 tranches de jambon blanc
1 c. à s. de cumin moulu
1 jaune d'œuf

1 Épluchez les échalotes, hachez-les finement et faites-les griller dans l'huile d'olive.
2 Râpez le fromage. Étalez la pâte feuilletée en lui donnant une forme de rectangle.
3 Étalez la sauce tomate sur toute la surface de la pâte, recouvrez de tranches de jambon, parsemez de cumin, d'échalotes et de fromage.
4 Enroulez le rectangle dans la largeur, jusqu'au centre. Renouvelez l'opération de l'autre côté. Dorez au jaune d'œuf la jonction entre les deux boudins et serrez afin qu'ils se collent.
5 Passez le boudin au congélateur pour 10 minutes, puis découpez des palmitos de 2 mm d'épaisseur. Disposez-les sur une plaque de four chemisée de papier sulfurisé. Enfournez pour 7 à 8 minutes à 160 °C : les palmitos doivent rester moelleux. Laissez refroidir à température ambiante avant de déguster.

pour 6 personnes
préparation 30 minutes
congélation 10 minutes
cuisson 7 à 8 minutes

vin conseillé condrieu
(par exemple un guigal),
blanc (10 °C)

prêt en 18 min

mendiants de gruyère au muesli

100 g de lardons allumettes fumés
3 abricots secs
30 g de sucre glace
100 g de pétales de maïs
50 g de noisettes
250 g de gruyère râpé

1 Faites revenir les lardons fumés, puis réservez-les sur du papier absorbant.
2 Coupez les abricots secs le plus finement possible, puis passez-les dans le sucre glace afin de décoller les morceaux les uns des autres.
3 Écrasez les pétales de maïs et les noisettes, puis mélangez-les avec le gruyère râpé, les lardons et les abricots émincés.
4 Sur une plaque de four chemisée de papier sulfurisé, étalez des disques de cette préparation, puis enfournez pour 7 à 8 minutes à 160 °C : les mendiants doivent être juste dorés. Laissez refroidir à température ambiante.

pour 6 personnes
préparation 10 minutes
cuisson 7 à 8 minutes

vin conseillé IGP côtes-de-gascogne (par exemple un colombelle), blanc (8 °C)

prêt en 15 min

toasts boudin et fourme d'Ambert

3 oignons
10 cl d'huile d'olive
1 c. à s. de miel de châtaignier
300 g de boudin fermier
250 g de fourme d'Ambert
12 tranches de baguette
2 c. à s. de moutarde de Meaux

1 Épluchez les oignons, émincez-les et faites-les fondre dans l'huile d'olive jusqu'à ce qu'ils caramélisent. Ajoutez le miel et laissez compoter.
2 Ôtez la peau du boudin, puis coupez-le en 12 portions identiques.
3 Coupez 12 petites tranches de fourme de la taille des tranches de baguette.
4 Faites griller les tranches de baguette au four, tartinez-les de moutarde de Meaux, disposez dessus un dôme d'oignons puis 1 portion de boudin. Terminez par 1 tranche de fourme.
5 Passez au four pendant 5 minutes à 200 °C, en position gril.

pour 6 personnes
préparation 10 minutes
cuisson 5 minutes

vin conseillé gigondas
(par exemple un domaine-de-longue-toque Gabriel Meffre), rouge (16 °C)

prêt en 1 h

gougères de saint-nectaire

25 cl d'eau
100 g de beurre
1 pincée de piment d'Espelette
1 c. à c. de graines de fenouil
150 g de farine
4 œufs
200 g de saint-nectaire
1 jaune d'œuf
sel, poivre

1 Faites bouillir l'eau avec le beurre, le piment d'Espelette et les graines de fenouil.
2 Ajoutez la farine d'un seul coup et mélangez à l'aide d'une spatule en bois pour faire sécher la préparation.
3 Hors du feu, incorporez les œufs un à un.
4 Coupez le saint-nectaire en petits cubes, ajoutez-les à la préparation et assaisonnez.
5 Dressez des petites boules de pâte sur une plaque de four chemisée de papier sulfurisé. Badigeonnez-les légèrement de jaune d'œuf battu et enfournez pour 35 minutes dans un four préchauffé à 180 °C. Éteignez ensuite le four et entrouvrez la porte afin de faire sécher les gougères.

pour 6 personnes
préparation 25 minutes
cuisson 35 minutes

vin conseillé AOC bergerac, rouge (16 °C)

prêt en 30 min

brochettes d'emmental

350 g d'emmental
2 bâtons de céleri
12 tranches de poitrine fumée sans cartilage
1 c. à c. de sucre roux
3 c. à s. de sauce soja
12 piques en bois

1 Faites tremper les piques en bois dans de l'eau salée.
2 Découpez 12 rectangles d'emmental de même taille, ainsi que 12 tronçons de céleri.
3 Piquez dans la longueur 1 morceau d'emmental, piquez 1 morceau de céleri au-dessus et enroulez le tout en serrant dans 1 tranche de poitrine fumée.
4 Dans un bol, faites fondre le sucre dans la sauce soja, puis nappez les brochettes de cette marinade en les tournant régulièrement. Faites-les griller dans une poêle antiadhésive. Servez aussitôt.

pour 6 personnes
préparation 20 minutes
cuisson 10 minutes

vin conseillé petit-chablis (par exemple un les-vaux-sereins La Chablisienne), blanc (8 °C)

soupes

prêt en 15 min

gaspacho au sainte-maure

6 tomates
2 concombres
3 oignons nouveaux
1 botte de menthe
10 cl de vinaigre de xérès
10 cl d'huile d'olive
1 trait de Tabasco
1 botte de ciboulette
1 sainte-maure-de-touraine
2 c. à s. d'huile d'olive supplémentaire
sel, poivre

1 Plongez les tomates dans un grand volume d'eau bouillante pour 5 secondes, puis enlevez la peau.
2 Épluchez 1 concombre et coupez-le en petits dés.
3 Hachez finement les oignons nouveaux. Mixez ensemble les tomates, la menthe et le deuxième concombre non épluché, ajoutez le vinaigre de xérès, 10 cl d'huile d'olive et le Tabasco. Assaisonnez et ajoutez les oignons nouveaux.
4 Hachez la ciboulette, puis mélangez-la avec le sainte-maure écrasé à la fourchette et ajoutez 2 cuillerées à soupe d'huile d'olive.
5 Versez le gaspacho dans des bols, parsemez de petits dés de concombre. À l'aide de 2 petites cuillères, formez des quenelles de sainte-maure à la ciboulette et déposez-en une sur chaque gaspacho.

pour 6 personnes
préparation 15 minutes

vin conseillé bandol
(par exemple un terre-du-trias du Moulin de La Roque), rosé (11 °C)

prêt en 50 min

soupe à l'oignon et au chaource

6 gros oignons
50 g de beurre
50 g de farine
2 litres de bouillon de volaille
5 cl de porto
12 tranches de baguette
1 chaource de 250 g

1 Épluchez les oignons et coupez-les en rondelles fines.
2 Dans une grande casserole, faites fondre le beurre, puis ajoutez les oignons et laissez cuire à feu doux jusqu'à ce qu'ils soient tendres. Ajoutez la farine et laissez caraméliser.
3 Mouillez avec le bouillon de volaille et le porto, puis laissez cuire 30 minutes.
4 Faites griller les tranches de baguette et nappez-les de chaource. Disposez les croûtons au chaource sur le dessus de la soupe et faites gratiner au gril. Servez aussitôt.

pour 6 personnes
préparation 10 minutes
cuisson 40 minutes

vin conseillé chablis
(par exemple un les-vaux-sereins La Chablisienne), blanc (9 °C)

prêt en 1 h

soupe de potimarrons au reblochon

3 potimarrons
2 oignons
1 poireau
2 c. à s. d'huile d'olive
1 verre de vin blanc de Savoie
1 pincée de muscade
30 cl de crème liquide
1 reblochon
3 tranches de pain de mie
3 tranches de poitrine fumée
sel, poivre

1 Coupez les potimarrons en dés, en gardant la peau, puis enlevez les graines.
2 Épluchez les oignons, émincez-les ainsi que le poireau et faites revenir le tout dans une grande casserole, avec 2 cuillerées à soupe d'huile d'olive.
3 Ajoutez les dés de potimarron, le vin blanc et la muscade, couvrez d'eau à hauteur et posez un couvercle. Laissez cuire 30 minutes à feu doux, puis mixez le tout, ajoutez la crème liquide et assaisonnez.
4 Enlevez la croûte du reblochon, coupez-le en petits cubes et ajoutez-les dans la soupe. Mélangez bien.
5 Coupez le pain de mie en petits cubes. Émincez la poitrine fumée, faites-la revenir dans une poêle, puis ajoutez les croûtons pour les faire dorer. Parsemez la soupe de ce mélange croûtons-lardons.

pour 6 personnes
préparation 15 minutes
cuisson 45 minutes

vin conseillé vin de Savoie (par exemple un château-d'apremont), blanc (8 °C)

prêt en 1 h 50

soupe de châtaignes au picodon

2 oignons
3 gousses d'ail
1 bâton de céleri
3 pommes de terre
1 crosse de jambon cru
10 cl d'huile d'olive
500 g de châtaignes en bocal
1 litre de bouillon de poule
30 cl de crème liquide
12 châtaignes crues
3 picodons
sel, poivre

1 Épluchez les oignons et l'ail, émincez le tout et coupez le céleri en petits cubes. Épluchez les pommes de terre et coupez-les en cubes.
2 Découennez le jambon cru et coupez-le en petits cubes.
3 Dans une grande casserole, faites revenir dans l'huile d'olive les oignons, l'ail, le céleri et les dés de jambon. Ajoutez les pommes de terre et les châtaignes en bocal, puis le bouillon de poule. Laissez cuire 1 heure à petits bouillons, puis donnez un coup de mixeur et ajoutez la crème liquide. Laissez cuire de nouveau 15 minutes, puis assaisonnez.
4 Épluchez les châtaignes crues et faites-en de fins copeaux. Émiettez les picodons.
5 Dressez la soupe dans une soupière, puis parsemez de châtaignes crues et de miettes de picodon.

pour 6 personnes
préparation 20 minutes
cuisson 1 h 30

vin conseillé tavel (par exemple un domaine-du-prieuré), rosé (11 °C)

prêt en 40 min

soupe de courgettes au bleu des Causses

4 courgettes
3 oignons
10 cl d'huile d'olive
5 cl de pastis
50 cl de bouillon de volaille
1 botte de persil plat
2 tranches de pain de campagne
2 c. à s. d'huile d'olive supplémentaire
200 g de bleu des Causses
30 cl de crème liquide
sel, poivre

1 Coupez les courgettes en petits cubes ; épluchez et hachez grossièrement les oignons.
2 Faites revenir le tout dans 10 cl d'huile d'olive, en laissant dorer les oignons et les courgettes, puis faites flamber au pastis et mouillez avec le bouillon de volaille (vous pouvez aussi utiliser du bouillon lyophilisé). Laissez cuire 20 minutes.
3 Effeuillez le persil plat, ajoutez-le à la soupe, mixez et assaisonnez.
4 Coupez le pain de campagne en petits croûtons et faites-les revenir dans l'huile d'olive pour les colorer.
5 Faites fondre la moitié du bleu dans la crème liquide en laissant cuire doucement et coupez l'autre moitié en cubes.
6 Dressez la soupe dans des assiettes creuses, disposez dessus quelques dés de bleu et des croûtons, puis nappez d'un trait de sauce au bleu.

pour 6 personnes
préparation 20 minutes
cuisson 20 minutes

vin conseillé minervois
(par exemple un cuvée-jordane Lauran Cabaret), rouge (15 °C)

tartes, feuilletés & pizza

prêt en 40 min

tarte fine pomme-camembert

3 pommes de type granny-smith
1 camembert de Normandie
1 rouleau de pâte feuilletée
1 c. à s. de sucre roux
1 c. à s. de semoule moyenne
1 trait d'huile d'olive
1 c. à c. de thym frais

1 Épluchez les pommes, coupez-les en deux, enlevez le cœur et les pépins, puis coupez-les en tranches fines.
2 Coupez le camembert en fines lamelles.
3 Étalez le rouleau de pâte feuilletée avec son papier sulfurisé, parsemez le sucre roux entre la pâte et le papier, piquez la pâte à l'aide d'une fourchette, puis ajoutez la semoule moyenne.
4 Disposez les pommes en rosace de façon à recouvrir toute la tarte, puis ajoutez les lamelles de camembert. Nappez d'un trait d'huile d'olive et parsemez de thym frais.
5 Faites cuire au four pendant 20 minutes à 180 °C. Laissez reposer la tarte 5 minutes avec son papier sulfurisé sur un plan de travail froid afin que le caramel se fige.

pour 6 personnes
préparation 20 minutes
cuisson 20 minutes

vin conseillé cidre brut
(par exemple Écusson bio), 6 °C

prêt en 1 h 40

tarte au maroilles

10 g de levure de boulanger
5 cl d'eau tiède
250 g de farine
1 œuf
3 c. à s. d'huile d'olive
3 poireaux
100 g de beurre
200 g de maroilles
5 cl de crème fraîche épaisse
sel, poivre

1 Faites dissoudre entièrement la levure de boulanger dans l'eau. Faites un puits au centre de la farine, ajoutez-y l'œuf et la levure, puis pétrissez à la main. Ajoutez ensuite l'huile d'olive : la pâte doit être lisse et homogène (ajoutez un peu d'eau si besoin). Laissez-la reposer 1 heure dans un endroit tiède : elle doit doubler de volume.

2 Lavez les poireaux à grande eau, émincez-les, puis faites-les fondre dans le beurre, sans coloration ; assaisonnez.

3 Écrasez le maroilles avec la crème à l'aide d'une fourchette.

4 Étalez la pâte à tarte sur une feuille de papier sulfurisé, nappez de fondue de poireaux et recouvrez de crème de maroilles.

5 Faites cuire au four 10 minutes environ à 200 °C : la pâte à tarte doit rester moelleuse.

pour 6 personnes
préparation 30 minutes
repos 1 heure
cuisson 10 minutes

vin conseillé hautes-côtes-de-beaune (par exemple un les-belles-roches), rouge (17 °C)

prêt en 30 min

tourte d'hiver

2 carottes
2 pommes de terre
2 bâtons de céleri
6 figues sèches
3 oignons nouveaux
300 g de gruyère
6 tranches de pancetta
4 c. à s. de crème fraîche épaisse
2 c. à s. de gelée de coing
1 rouleau de pâte à pizza prête à cuire
huile d'olive
fleur de sel
poivre mignonnette

1 Épluchez les carottes et les pommes de terre, coupez-les en rondelles et faites-les cuire dans un grand volume d'eau salée, en les gardant fermes.
2 Émincez le céleri, les figues sèches et les oignons nouveaux. Râpez le gruyère.
3 Émincez la pancetta et faites-la griller rapidement, à sec, dans une poêle.
4 Mélangez le tout, ajoutez la crème épaisse et la gelée de coing, puis assaisonnez.
5 Étalez la pâte à pizza, couvrez-en une moitié de garniture et repliez l'autre moitié comme pour un chausson. Dorez à l'huile d'olive, saupoudrez de fleur de sel et de poivre mignonnette. Enfournez pour 15 minutes environ à 180 °C, puis découpez des tranches épaisses.

pour 6 personnes
préparation 15 minutes
cuisson 15 minutes

vin conseillé côtes-du-rhône
(par exemple un château-du-bois-de-la-garde), rouge (15 °C)

Une recette idéale pour improviser un dîner avec des ingrédients que vous avez à portée de main. Selon vos goûts, ajoutez des olives noires, des pignons de pin, des artichauts marinés…

prêt en 20 min

pizza express

6 tranches de pain de campagne rassis
1 gousse d'ail
3 tomates
200 g de mozzarella
3 champignons de Paris
2 tranches de jambon
12 feuilles de basilic
1 pot de câpres
herbes de Provence

1 Frottez chaque tranche de pain avec l'ail préalablement épluché.
2 Coupez les tomates et la mozzarella en rondelles, émincez les champignons. Coupez le jambon en fines lanières.
3 Disposez sur le pain les rondelles de tomate, les champignons émincés, les lanières de jambon et les feuilles de basilic. Recouvrez de mozzarella, ajoutez quelques câpres et parsemez d'herbes de Provence.
4 Enfournez pour 10 minutes à 180 °C. Dégustez chaud.

pour 6 personnes
préparation 10 minutes
cuisson 10 minutes

vin conseillé IGP cité-de-carcassonne (par exemple un vin-de-pays-de-la-cité-de-carcassonne Les Petites Récoltes), rosé (10 °C)

prêt en 4 h 20

croissants à l'emmental

250 g d'emmental
500 g de farine de gruau
100 g de pâte à pain
10 g de sel
75 g de sucre
20 g de levure
22,5 cl d'eau
300 g de beurre
2 jaunes d'œufs

1 Coupez la moitié de l'emmental en 12 bâtonnets et râpez le reste.
2 Pétrissez tous les ingrédients, sauf le fromage, le beurre et les jaunes d'œufs, afin d'obtenir une pâte bien lisse. Étalez cette pâte en un rectangle, placez le beurre aplati au milieu et repliez les côtés pour recouvrir le beurre ; gardez 30 minutes au frais.
3 Procédez comme pour une pâte feuilletée en donnant deux tours : étalez la pâte en une bande, repliez-la en trois, faites-la pivoter d'un quart de tour, puis recommencez l'opération. Gardez au frais 1 heure, puis donnez un nouveau tour.
4 Étalez la pâte en un rectangle, coupez-le en bandes de 15 cm de large, puis découpez-y des triangles. Disposez 1 bâtonnet d'emmental au centre de chaque triangle, enroulez, dorez au jaune d'œuf et parsemez d'emmental râpé. Laissez gonfler dans un endroit tiède pendant 2 heures, puis enfournez pour 20 minutes à 160 °C.

pour 6 personnes
préparation 30 minutes
réfrigération 1 h 30
repos 2 heures
cuisson 20 minutes

vin conseillé viré-clessé (par exemple un vieilles-vignes Loron & Fils), blanc (10 °C)

prêt en 20 min

croustillants d'ossau-iraty, confiture de cerises noires et lard fumé

400 g d'ossau-iraty
6 tranches de lard fumé sans cartilage
6 feuilles de brick
50 g de confiture de cerises noires
piment d'Espelette
1 œuf

1 Coupez l'ossau-iraty en 12 tranches de la même taille.
2 Faites dorer les tranches de lard fumé dans une poêle.
3 Étalez les feuilles de brick et coupez-les en deux ; disposez sur chaque demi-feuille 1 tranche d'ossau-iraty, nappez de 1 cuillerée de confiture de cerises noires, de 1 pincée de piment d'Espelette et de ½ tranche de lard fumé.
4 Refermez en forme de portefeuille (le croustillant doit être hermétique), puis soudez les bords à l'aide de l'œuf battu.
5 Faites cuire au four à 150 °C sur une plaque chemisée de papier sulfurisé, pendant 10 minutes environ. Les croustillants doivent être dorés et le fromage fondu.
6 Accompagnez d'une salade verte.

pour 6 personnes
préparation 10 minutes
cuisson 10 minutes

vin conseillé jurançon moelleux (par exemple un galet-d'or), blanc (8 °C)

prêt en 1 h 35

chausson de munster au thym frais

1 oignon doux
1 botte de thym frais
4 brins de ciboulette
1 munster de 450 g
1 rouleau de pâte feuilletée
1 c. à c. de cumin moulu
1 œuf
fleur de sel

1 Épluchez l'oignon, puis coupez-le en rondelles fines ; effeuillez le thym frais et hachez la ciboulette.
2 Coupez le munster en deux dans l'épaisseur. Disposez les tranches d'oignon, le thym frais et la ciboulette sur le cœur d'une des moitiés de munster ; recouvrez-la avec l'autre moitié.
3 Saupoudrez la pâte feuilletée de cumin et de fleur de sel, puis aplatissez-la à l'aide d'un rouleau à pâtisserie.
4 Disposez le munster au centre de la pâte feuilletée, rabattez la pâte au-dessus du munster afin de n'avoir qu'une petite cheminée au centre, dorez le tout à l'œuf battu et gardez au frais 1 heure.
5 Enfournez pour 20 minutes environ à 160 °C.

pour 6 personnes
préparation 15 minutes
réfrigération 1 heure
cuisson 20 minutes

vin conseillé vin d'Alsace, kaefferkopf (par exemple un kuehn), blanc (8 °C)

prêt en 35 min

chaussons à la feta

500 g d'épinards frais
2 c. à s. d'huile d'olive
2 oignons nouveaux
100 g d'oseille surgelée
30 cl de crème fraîche épaisse
2 œufs
200 g de feta
1 pincée de muscade
30 g de beurre
6 feuilles de pâte filo
sel, poivre

1 Faites fondre les épinards dans l'huile d'olive avec les oignons nouveaux émincés. Ajoutez l'oseille et laissez cuire jusqu'à ce que le liquide se soit totalement évaporé. Hors du feu, ajoutez la crème fraîche et les œufs.
2 Coupez la feta en cubes, ajoutez-les au mélange aux épinards et assaisonnez avec de la muscade, du sel et du poivre.
3 Faites fondre le beurre et enduisez-en les feuilles de pâte filo. Pliez-les en deux, puis de nouveau en deux afin de pouvoir confectionner de petites aumônières.
4 Beurrez 6 ramequins et disposez-y les aumônières. Garnissez de mélange à la feta, refermez et beurrez de nouveau.
5 Faites cuire au four à 180 °C pendant 15 minutes environ.

pour 6 personnes
préparation 20 minutes
cuisson 15 minutes

vin conseillé IGP maures
(par exemple un vin-de-pays-des-maures Les Petites Récoltes), rosé (10 °C)

salades

prêt en 15 min

salade roquefort, endives et olives noires

3 endives
1 échalote
5 cl de crème fraîche épaisse
10 cl d'huile de noix
20 olives noires dénoyautées
100 g de roquefort
50 g de cerneaux de noix
sel, poivre

1 Coupez les endives en deux dans le sens de la longueur puis émincez-les, toujours dans le même sens.
2 Ciselez l'échalote, puis mélangez-la avec la crème épaisse et l'huile de noix.
3 Émincez les olives et ajoutez-les à la préparation précédente. Émiettez le roquefort et mélangez le tout.
4 Mélangez les endives avec cette préparation, ajoutez les cerneaux de noix et assaisonnez.

pour 6 personnes
préparation 15 minutes

vin conseillé vin d'Espagne, rioja (par exemple un marqués-de-cáceres), rosé (11 °C)

Une salade rafraîchissante à la feta, le fromage de brebis emblématique de la cuisine grecque. Assaisonnez-la d'huile d'olive vierge extra… de Grèce, évidemment !

prêt en 30 min

salade grecque

2 concombres
1 oignon rouge
6 tomates
250 g de feta
100 g d'olives noires à la grecque
câpres
huile d'olive vierge
gros sel de Guérande

1 Épluchez les concombres, coupez-les en deux dans le sens de la longueur et épépinez-les. Coupez-les en tranches de 5 mm d'épaisseur et mettez-les dans une passoire, avec un peu de gros sel, pendant 20 minutes pour les faire dégorger.
2 Épluchez l'oignon rouge et émincez-le.
3 Coupez les tomates en quartiers et la feta en cubes.
4 Mélangez tous les ingrédients, assaisonnez d'huile d'olive vierge et salez au gros sel.

pour 6 personnes
préparation 30 minutes

vin conseillé buzet
(par exemple un vignerons-de-buzet),
rosé (10 °C)

prêt en 30 min

carpaccio de comté et betterave

300 g de comté
2 betteraves
2 c. à s. de vinaigre balsamique
1 c. à c. de sucre roux
1 gousse d'ail
1 trait d'huile de noix
50 g de cerneaux de noix
fleur de sel

1 Détaillez le comté en cylindres à l'aide d'un petit emporte-pièce rond, puis coupez les cylindres en fines rondelles.
2 Épluchez les betteraves et procédez comme pour le comté.
3 Mixez les chutes de betterave avec le vinaigre balsamique et le sucre, puis faites cuire 10 minutes afin d'obtenir une texture sirupeuse.
4 Frottez 6 assiettes avec la gousse d'ail et disposez au hasard des rondelles de comté et de betterave. Assaisonnez à la fleur de sel, nappez d'un trait de caramel de betterave et d'huile de noix , puis parsemez de cerneaux de noix grossièrement hachés.

pour 6 personnes
préparation 30 minutes

vin conseillé sancerre
(par exemple un les-champs-clos),
rosé (11 °C)

prêt en 20 min

céleri-rave et tome des Bauges

1 céleri-rave
le jus de 1 citron
200 g de tome des Bauges
6 brins de ciboulette

MAYONNAISE
1 jaune d'œuf
1 c. à s. de vinaigre de cidre
1 c. à c. de moutarde de Dijon
20 cl d'huile d'olive
sel, poivre

1 Préparez une mayonnaise en mélangeant le jaune d'œuf, le vinaigre, la moutarde et l'huile d'olive ; assaisonnez.
2 Épluchez le céleri-rave, puis coupez-le en tranches de 1 cm d'épaisseur ; à l'aide d'un économe, taillez des bandes de céleri-rave, puis mélangez-les avec le jus de citron.
3 Râpez la tome des Bauges à la grosse râpe.
4 Hachez la ciboulette.
5 Mélangez le céleri avec la mayonnaise, puis dressez un dôme de céleri. Disposez la tome des Bauges râpée sur le dessus et parsemez de ciboulette.

pour 6 personnes
préparation 20 minutes

vin conseillé bandol
(par exemple un domaine-de-l'olivette), rosé (11 °C)

prêt en 20 min

salade de pousses d'épinard et d'abondance

300 g d'abondance
400 g de pousses d'épinard
50 g de cerneaux de noix
3 c. à s. d'huile de noix
3 gousses d'ail
200 g de gésiers confits
1 trait de vinaigre de framboise
10 cl de porto

1 Coupez le fromage en petits dés.
2 Répartissez les pousses d'épinard sur 6 assiettes, garnissez de dés d'abondance et de cerneaux de noix, puis assaisonnez à l'huile de noix.
3 Épluchez l'ail puis coupez-le en fines lamelles. Coupez les gésiers confits en tranches.
4 Dans une poêle antiadhésive, faites revenir l'ail et les gésiers ; déglacez au vinaigre de framboise, ajoutez le porto et laissez réduire.
5 Mettez des gésiers sur chacune des assiettes, en arrosant de jus de cuisson (il va attendrir les pousses d'épinard), et dégustez aussitôt.

pour 6 personnes
préparation 10 minutes
cuisson 10 minutes

vin conseillé bourgueil
(par exemple un philippe-de-valois),
rouge (15 °C)

prêt en 10 min

salade romaine au bleu

2 tranches de pain d'épices
1 salade romaine
100 g de magret séché

VINAIGRETTE AU BLEU
1 gousse d'ail
50 g de pignons de pin
2 c. à s. d'huile d'olive
100 g de bleu
10 cl de crème liquide
1 c. à s. de miel
poivre mignonnette

1 Préparez la vinaigrette au bleu. Épluchez l'ail, hachez-le finement et faites-le revenir avec les pignons dans l'huile d'olive, jusqu'à ce qu'il soit doré. Mixez le bleu avec la crème liquide et l'huile à l'ail et aux pignons, ajoutez le miel et le poivre mignonnette.
2 Coupez le pain d'épices en cubes et faites-les sécher au four.
3 Coupez les feuilles de romaine, assaisonnez-les avec la vinaigrette au bleu et disposez sur les assiettes, avec des croûtons de pain d'épices et des tranches de magret séché.

pour 6 personnes
préparation 10 minutes

vin conseillé vin d'Italie, moscato-d'asti (par exemple un delicatamente-dolce Bersano), blanc (8 °C)

prêt en 1 h 20

carpaccio de poissons, artichaut et mimolette

1 artichaut
100 g de mimolette
200 g de saumon frais
200 g de thon cru
1 c. à c. de graines de pavot

MARINADE AU SOJA
1 tige de citronnelle
1 piment oiseau
1 citron vert
3 c. à s. de sauce soja
2 c. à s. d'huile d'olive

1 Préparez la marinade. Émincez la tige de citronnelle ainsi que le piment oiseau, récupérez le zeste du citron vert et mélangez le tout avec la sauce soja et l'huile d'olive ; laissez mariner 1 heure.

2 Épluchez l'artichaut afin de récupérer son cœur, puis frottez-le avec le citron vert.

3 À l'aide d'un économe, taillez des copeaux dans le cœur d'artichaut et dans la mimolette.

4 Coupez des tranches fines de saumon et de thon, disposez-les sur des assiettes en alternant les poissons, puis nappez de marinade au soja. Ajoutez des copeaux d'artichaut et de mimolette, puis parsemez de graines de pavot.

pour 6 personnes
préparation 20 minutes
repos 1 heure

vin conseillé pouilly-fuissé (par exemple un château-de-beauregard – vignes-de-chaintreuil Joseph Burrier), blanc (9 °C)

prêt en 15 min

salade César au parmesan

3 filets de poulet
1 c. à c. d'épices à couscous
1 c. à s. de paprika
6 gousses d'ail
10 cl d'huile d'olive
3 tranches de pain rassis
1 salade romaine

VINAIGRETTE
100 g de parmesan
12 anchois à l'huile
1 c. à c. de moutarde de Dijon
1 jaune d'œuf
1 c. à s. de vinaigre balsamique
10 cl d'huile d'olive

1 Coupez les filets de poulet en fines lanières, huilez-les et mélangez-les avec les épices et le paprika.
2 Épluchez et hachez l'ail.
3 Faites revenir les filets de poulet dans l'huile d'olive, en ajoutant l'ail haché, et laissez dorer le tout.
4 Coupez le pain rassis en croûtons et faites-les sécher au four.
5 Pour préparer la vinaigrette, mixez le parmesan avec les anchois, la moutarde et le jaune d'œuf, puis ajoutez le vinaigre et l'huile d'olive.
6 Coupez les feuilles de romaine en lanières, assaisonnez-les avec la vinaigrette aux anchois et au parmesan, puis disposez les lanières de poulet à l'ail et les croûtons sur le dessus.

pour 6 personnes
préparation 10 minutes
cuisson 5 minutes

vin conseillé clairette de Die (par exemple un grande-tradition millésimé Jaillance), blanc (8 °C)

prêt en 20 min

pomme, comté et oignon rouge

3 pommes granny-smith
le jus de 1 citron
1 oignon rouge
1 botte de coriandre
50 g de noix de cajou
1 poignée de roquette
2 c. à s. d'huile d'olive vierge
1 c. à s. de sauce soja
300 g de comté
200 g de carpaccio de bœuf

1 Enlevez le cœur des pommes et coupez-les en 12 tranches fines, dans la hauteur. Frottez les tranches de pomme de jus de citron.
2 Épluchez l'oignon rouge, émincez-le ; effeuillez la coriandre et hachez grossièrement les noix de cajou. Mélangez le tout avec la roquette et assaisonnez à l'huile d'olive et à la sauce soja.
3 À l'aide d'un économe, taillez des fines lamelles de comté.
4 Dressez les ingrédients comme un mille-feuille, en alternant les tranches de pomme, la salade d'herbes, le carpaccio de bœuf et les lamelles de comté. Terminez par 1 tranche de pomme.

pour 6 personnes
préparation 20 minutes

vin conseillé marsannay
(par exemple un château-de-marsannay),
blanc (9 °C)

pasta

prêt en 30 min

cannellonis de brocciu aux épinards

2 oignons
2 c. à s. d'huile d'olive
300 g d'épinards frais
2 tranches de pain de mie
100 g de cerneaux de noix
12 cannellonis
400 g de brocciu
20 cl de crème liquide
huile d'olive
sel, poivre

1 Épluchez les oignons et émincez-les. Faites-les revenir dans l'huile d'olive jusqu'à ce qu'ils soient fondus, ajoutez les épinards frais équeutés et laissez cuire jusqu'à évaporation complète de l'eau.
2 Faites sécher le pain au four, mixez-le en chapelure, ajoutez les noix et mixez grossièrement.
3 Faites cuire les cannellonis à l'eau bouillante : ils doivent être al dente.
4 Mélangez le brocciu avec la fondue d'épinards, ajoutez la chapelure pain-noix, assaisonnez.
5 Garnissez les cannellonis du mélange, roulez-les dans l'huile d'olive, recouvrez-les de crème liquide et faites cuire au four 10 minutes à 150 °C.

pour 6 personnes
préparation 20 minutes
cuisson 10 minutes

vin conseillé vin de Corse, patrimonio, rosé (9 °C)

prêt en 50 min

lasagnes végétariennes à la ricotta

2 aubergines
4 courgettes
4 oignons
100 g de tomates séchées à l'huile
huile d'olive
400 g d'épinards
1 botte de ciboulette
300 g de ricotta
1 c. à s. de graines de fenouil
250 g de lasagnes
50 cl de coulis de tomates
30 cl de crème liquide
sel, poivre

1 Coupez les aubergines et les courgettes en tranches de 5 mm d'épaisseur, dans le sens de la longueur.
2 Épluchez les oignons et coupez-les en rondelles.
3 Hachez grossièrement les tomates séchées à l'huile.
4 Faites poêler dans un peu d'huile d'olive les aubergines, les courgettes ainsi que les oignons. Dans une autre poêle, faites fondre les épinards.
5 Hachez finement la ciboulette, mélangez-la avec la ricotta puis ajoutez les épinards, les tomates séchées et les graines de fenouil ; assaisonnez.
6 Dans un plat à gratin, disposez des lamelles de légumes grillés, recouvrez de mélange à la ricotta et de lasagnes, puis nappez de coulis de tomates et d'un peu de crème liquide. Remplissez ainsi le plat, en terminant par un peu de mélange à la ricotta.
7 Enfournez pour 20 minutes à 180 °C.

pour 6 personnes
préparation 30 minutes
cuisson 20 minutes

vin conseillé IGP aigues (par exemple un vin-de-pays-d'aigues Les Petites Récoltes), rosé (10 °C)

prêt en 1 h 20

raviolis au parmesan et au basilic

300 g d'épinards
2 bottes de basilic
200 g de parmesan
4 oignons
huile d'olive
100 g de ricotta
sel, poivre

PÂTE À RAVIOLIS
200 g de farine
2 œufs
1 c. à s. d'huile d'olive

1 Équeutez les épinards et effeuillez le basilic. Râpez le parmesan.
2 Épluchez et hachez finement les oignons.
3 Faites revenir les oignons dans l'huile d'olive jusqu'à ce qu'ils soient fondus. Ajoutez les épinards et le basilic, laissez toute l'eau s'évaporer, puis ajoutez la ricotta et le parmesan. Laissez cuire 5 minutes, assaisonnez, puis mettez au frais pour 1 heure.
4 Préparez la pâte à raviolis. Mélangez la farine avec les œufs et ajoutez l'huile d'olive. Étalez finement la pâte et découpez des bandes de la même taille.
5 Disposez sur une bande des tas de farce parmesan-basilic, recouvrez d'une autre bande et découpez des raviolis à l'emporte-pièce, en faisant bien adhérer les bords.
6 Faites cuire à l'eau bouillante 2 à 3 minutes. Les raviolis sont cuits lorsqu'ils remontent à la surface.

pour 6 personnes
préparation 10 minutes
réfrigération 1 heure
cuisson 10 minutes

vin conseillé vin d'Italie, sicile (par exemple un IGT santa-cristina), rosé (10 °C)

prêt en 1 h 05

gratin de macaronis à l'emmental

250 g d'emmental
400 g de macaronis
200 g de tomates séchées
1 bouquet de marjolaine
25 g de beurre
25 g de farine
50 cl de lait entier
50 cl de crème liquide
1 pincée de muscade
sel, poivre

1 Râpez l'emmental.
2 Faites cuire les macaronis dans de l'eau bouillante : ils doivent être al dente.
3 Coupez les tomates séchées en cubes et ciselez la marjolaine.
4 Dans une casserole, faites un roux avec le beurre et la farine, ajoutez le lait et la crème, puis laissez cuire 15 minutes. Ajoutez la muscade, assaisonnez.
5 Mélangez les tomates séchées et la marjolaine avec les macaronis, puis disposez le tout dans un plat à gratin.
6 Mélangez l'emmental râpé avec la béchamel et recouvrez les macaronis de cette préparation. Mélangez bien et enfournez pour 20 minutes à 160 °C.

pour 6 personnes
préparation 30 minutes
cuisson 35 minutes

vin conseillé montagny-premier-cru
(par exemple un tête-de-cuvée Vignerons de Buxy), blanc (9 °C)

prêt en 20 min

tagliatelles, pesto de chabichou

3 courgettes
2 gousses d'ail
50 g de pignons de pin
1 chabichou
30 cl d'huile d'olive
1 bouquet de basilic
600 g de tagliatelles fraîches
sel, poivre

1 Lavez les courgettes et détaillez-les en bâtonnets.
2 Épluchez et émincez l'ail.
3 Faites griller les pignons dans une poêle, à sec.
4 Mixez le chabichou avec 20 cl d'huile d'olive, 1 gousse d'ail, le bouquet de basilic et les pignons grillés.
5 Dans une grande sauteuse, faites revenir la seconde gousse d'ail dans l'huile d'olive restante, ajoutez les bâtonnets de courgette et faites sauter vivement.
6 Faites cuire les tagliatelles dans un grand volume d'eau salée pendant 2 à 3 minutes, puis égouttez-les.
7 Versez les tagliatelles dans la sauteuse avec les courgettes, faites revenir le tout 2 minutes, ajoutez le pesto de chabichou selon les goûts, puis assaisonnez.

pour 6 personnes
préparation 10 minutes
cuisson 10 minutes

vin conseillé menetou-salon
(par exemple un clément), blanc (9 °C)

viandes, volailles & poissons

prêt en 30 min

croque-monsieur de grand froid

3 œufs
40 cl de lait entier
3 c. à s. de confiture de figues
1 c. à s. de moutarde à l'ancienne
12 grandes tranches de pain de mie
6 tranches de jambon blanc
6 tranches de bacon
1 mont d'or
une noix de beurre
sel, poivre

1 Battez les œufs avec le lait, assaisonnez.
2 Mélangez la confiture avec la moutarde et badigeonnez les tranches de pain de mie de ce mélange.
3 Disposez sur la tranche de pain de mie 1 tranche de jambon et 1 tranche de bacon, tartinez de mont d'or et recouvrez d'une autre tranche de pain de mie (côté confiture contre le mont d'or). Renouvelez l'opération avec le reste des ingrédients. Serrez bien les sandwichs et trempez-les dans le mélange lait-œufs.
4 Faites fondre le beurre dans une poêle antiadhésive et faites-y dorer les sandwichs 3 minutes de chaque côté, puis terminez la cuisson au four pendant 10 minutes à 160 °C.

pour 6 personnes
préparation 15 minutes
cuisson 15 minutes

vin conseillé côtes-du-rhône (par exemple un château-du-bois-de-la-garde), rouge (15 °C)

Facile à préparer et tellement bon !
Rien de mieux pour un petit dîner entre copains.
Accompagnez votre croque-madame de salade verte.

prêt en 35 min

croque-madame

300 g d'emmental
10 brins de ciboulette
30 cl de crème liquide
1 tomate
12 tranches de pain de mie
6 tranches de jambon
6 œufs

1 Râpez l'emmental, hachez la ciboulette et mélangez le tout avec la crème liquide.
2 Coupez la tomate en 6 tranches.
3 Disposez sur 6 tranches de pain de mie 1 tranche de jambon, 1 cuillerée à soupe de crème à l'emmental, 1 rondelle de tomate et recouvrez avec 1 autre tranche de pain de mie.
4 Disposez sur le dessus de chaque sandwich le reste de la crème d'emmental, puis enfournez sous un gril à 180 °C pour 15 minutes.
5 Faites cuire les œufs à la poêle et disposez 1 œuf sur chacun des croques. Servez aussitôt.

pour 6 personnes
préparation 20 minutes
cuisson 15 minutes

vin conseillé IGP pays-d'oc
(par exemple un gris de gris réserve-spéciale Gérard Bertrand), rosé (10 °C)

prêt en 1 h 35

pommes de terre farcies au morbier

3 saucisses de Montbéliard
6 grosses pommes de terre
300 g de morbier
1 botte d'estragon
2 c. à s. de crème fraîche épaisse
2 oignons nouveaux
1 c. à s. de graines de sésame blond
50 cl de vin blanc de type muscat
sel, poivre

1 Faites cuire les saucisses de Montbéliard pendant 30 minutes à l'eau bouillante.
2 Épluchez les pommes de terre et faites-les cuire 20 minutes environ dans l'eau de cuisson des saucisses : elles doivent rester fermes
3 Creusez les pommes de terre, récupérez la pulpe, hachez grossièrement les saucisses et coupez le morbier en petits cubes. Mélangez le tout en ajoutant les feuilles d'estragon, la crème fraîche et les oignons nouveaux hachés. Assaisonnez.
4 Farcissez les pommes de terre de ce mélange et parsemez-les de graines de sésame ; disposez les pommes de terre dans un plat à gratin, mouillez avec le vin blanc et enfournez pour 15 minutes à 180 °C.

pour 6 personnes
préparation 30 minutes
cuisson 1 h 05

vin conseillé côtes-du-rhône-villages (par exemple un domaine-de-la-berthète), rouge (15 °C)

prêt en 55 min

saucisse de Morteau au morbier

1 saucisse de Morteau
3 oignons
6 pommes de terre
1 botte de ciboulette
2 œufs
300 g de morbier
huile d'olive
sel, poivre

1 Faites cuire la saucisse de Morteau à l'eau pendant 30 minutes.
2 Épluchez les oignons et les pommes de terre, râpez-les finement, puis hachez la ciboulette. Mélangez le tout avec les œufs et assaisonnez.
3 Enlevez la croûte du morbier, coupez-le en petits cubes, puis ajoutez-en la moitié dans le mélange aux pommes de terre.
4 Dans une poêle antiadhésive, faites cuire dans l'huile d'olive une galette de pommes de terre au morbier : elle doit être bien dorée.
5 Disposez la galette sur un plat allant au four, coupez la saucisse de Morteau en rondelles puis disposez-les en rosace sur la galette. Ajoutez le reste du morbier, puis passez sous le gril pour 5 minutes.

pour 6 personnes
préparation 15 minutes
cuisson 40 minutes

vin conseillé châteauneuf-du-pape (par exemple un château-des-fines-roches), rouge (17 °C)

Un bon dîner réconfortant tout chaud ! Des lardons et des pommes de terre bien dorés, le tout recouvert de fromage fondu délicieux. Servez quelques feuilles de salade verte en accompagnement.

prêt en 30 min

la truffade

8 pommes de terre
200 g de poitrine fumée
50 g de beurre
300 g de tome fraîche de cantal ou de cantal jeune
4 gousses d'ail
1 botte de persil
sel, poivre

1 Épluchez les pommes de terre et coupez-les en tranches. Coupez la poitrine fumée en lardons fins.
2 Faites rissoler les lardons dans une poêle antiadhésive, ajoutez le beurre puis les pommes de terre et laissez bien dorer en couvrant la poêle.
3 Disposez le fromage coupé en tranches sur les pommes de terre, mélangez et laissez griller.
4 Épluchez l'ail et hachez-le grossièrement avec le persil. Mélangez-les.
5 Démoulez la truffade comme une galette, assaisonnez et parsemez de persil à l'ail.

pour 6 personnes
préparation 10 minutes
cuisson 20 minutes

vin conseillé mâcon-villages
(par exemple un château-de-la-tour-penet),
blanc (8 °C)

prêt en 40 min

omelette au brie de Meaux

1 poivron rouge
1 poivron vert
2 oignons
200 g de brie de Meaux
6 brins de ciboulette
12 œufs
huile d'olive
100 g de poitrine fumée
sel, poivre

1 Faites cuire les poivrons au four à 200 °C pendant 15 minutes, puis enfermez-les pour 10 minutes dans un sac en plastique. Pelez-les et coupez-les en fines lanières.
2 Épluchez les oignons et émincez-les. Coupez le brie en petits dés et hachez grossièrement la ciboulette.
3 Battez les œufs au fouet pendant 10 minutes, assaisonnez.
4 Dans une poêle antiadhésive, faites fondre dans l'huile d'olive les oignons, ajoutez la poitrine fumée détaillée en lardons puis les lanières de poivron ; laissez cuire 5 minutes en remuant sans cesse. Versez les œufs battus dans la poêle, tournez avec une fourchette puis parsemez de dés de brie et de ciboulette hachée.
5 Enfournez pour 5 minutes à 200 °C sous le gril.

pour 6 personnes
préparation 30 minutes
cuisson 10 minutes

vin conseillé bordeaux (par exemple un château-roustaing – réserve-vieilles-vignes), rouge (17 °C)

prêt en 20 min

le welche

400 g de cheddar
20 cl de bière
6 tranches de pain de campagne
6 tranches de jambon blanc fumé
6 œufs
50 g de beurre
sel, poivre

1 Coupez le cheddar en petits cubes et faites-les fondre dans une casserole, avec la bière.
2 Disposez 1 tranche de pain de campagne sur chaque assiette, versez dessus un peu de cheddar fondu, recouvrez de 1 tranche de jambon blanc fumé, puis versez de nouveau du cheddar fondu. Passez au four en position gril jusqu'à ce que le fromage commence à dorer.
3 Faites cuire les œufs au plat dans le beurre, assaisonnez et disposez 1 œuf sur chaque assiette. Dégustez aussitôt.

pour 6 personnes
préparation 10 minutes
cuisson 10 minutes

vin conseillé bière
(par exemple Leffe blonde), 7 °C

prêt en 45 min

filet d'agneau en croûte d'emmental

200 g d'emmental
200 g de farine
130 g de beurre
1 œuf
2 filets d'agneau
1 bouquet de basilic
1 jaune d'œuf
sel, poivre

1 Râpez l'emmental et mélangez-le avec la farine. Ajoutez 80 g de beurre à température ambiante et l'œuf entier, puis malaxez afin d'obtenir une pâte lisse qui se détache du plan de travail.
2 Faites fondre le reste du beurre et faites-y dorer les filets d'agneau sur toutes leurs faces : ils doivent être juste saisis mais pas cuits. Laissez-les reposer 15 minutes sur une grille puis assaisonnez.
3 Étalez 2 rectangles de pâte d'emmental, disposez dessus des feuilles de basilic, enroulez les filets d'agneau dans la pâte et collez-la au jaune d'œuf.
4 Disposez les rouleaux sur une plaque de four chemisée de papier sulfurisé, dorez-les au jaune d'œuf puis enfournez pour 10 minutes à 180 °C.

pour 6 personnes
préparation 20 minutes
repos 15 minutes
cuisson 10 minutes

vin conseillé lalande-de-pomerol (par exemple un château-chevrol-bel-air), rouge (18 °C)

prêt en 50 min

lapin farci au brie de Meaux

3 râbles de lapin
300 g de brie de Meaux
1 botte de menthe
huile d'olive
3 gousses d'ail
1 branche de romarin
20 cl de vin blanc
20 cl de fond de veau
20 cl de crème liquide
sel, poivre

1 Faites désosser les râbles de lapin par le boucher, sans abîmer la chair. Coupez la moitié du brie en bâtonnets. Effeuillez et hachez finement la menthe.
2 Garnissez le cœur des râbles de bâtonnets de brie et de menthe hachée, assaisonnez. Ficelez le tout.
3 Dans un plat allant au four, faites revenir les râbles dans l'huile d'olive sur toutes les faces afin qu'ils soient bien dorés, puis ajoutez les gousses d'ail et la branche de romarin.
4 Mouillez au vin blanc puis ajoutez le fond de veau.
5 Enfournez pour 20 minutes à 160 °C, en nappant régulièrement les râbles de sauce.
6 Sortez les râbles du plat, ajoutez la crème liquide à la sauce, laissez cuire 5 minutes puis ajoutez le reste du brie coupé en morceaux. Laissez fondre en remuant bien.
7 Servez les râbles coupés en tranches, nappés de sauce et accompagnés de pâtes fraîches.

pour 6 personnes
préparation 20 minutes
cuisson 30 minutes

vin conseillé givry (par exemple un champ-lalot – récolte-du-domaine-faiveley), rouge (17 °C)

prêt en 25 min

mozzaburger

300 g de mozzarella
6 tranches de jambon italien
huile d'olive
6 steaks hachés
2 tomates
1 oignon rouge
6 pains à hamburgers

PESTO
1 botte de basilic
1 gousse d'ail
2 c. à s. d'huile d'olive
50 g de pignons de pin
3 c. à s. de mayonnaise

1 Coupez la mozzarella en 6 tranches identiques.
2 Préparez le pesto. Mixez le basilic avec l'ail, l'huile d'olive et les pignons de pin, puis mélangez avec la mayonnaise.
3 Faites revenir les tranches de jambon italien dans l'huile d'olive, puis faites cuire les steaks hachés dans la même poêle.
4 Coupez les tomates en rondelles et faites de même avec l'oignon préalablement épluché.
5 Tartinez de pesto chaque base de pain à hamburger, ajoutez 1 steak, 1 tranche de jambon, 1 tranche de mozzarella, des rondelles de tomate et d'oignon, puis recouvrez d'un chapeau de pain. Enfournez pour 7 à 8 minutes à 160 °C, le temps que la mozzarella fonde.

pour 6 personnes
préparation 15 minutes
cuisson 10 minutes

vin conseillé vin d'Italie
(par exemple un villa-chigi – saracini),
rouge (16 °C)

prêt en 1 h

mont d'or au canard fumé

1 mont d'or
3 gousses d'ail
huile d'olive
1 tranche de pain de campagne
1 poire
100 g de magret de canard fumé
50 g de noisettes
1 c. à c. de graines de fenouil

POUR SERVIR
1 belle salade verte
huile de noix

1 Mettez le mont d'or au congélateur pour 10 minutes.
2 Faites confire les gousses d'ail non épluchées dans l'huile d'olive, puis écrasez-les et récupérez la pulpe. Coupez le pain de campagne en croûtons, puis faites-les dorer dans l'huile d'olive à l'ail.
3 Épluchez et coupez la poire en petits cubes.
4 Coupez le magret de canard en tranches fines.
5 À l'aide d'un couteau, enlevez le disque de croûte du mont d'or sur 2 cm environ. Disposez le magret, les croûtons, la pulpe d'ail à l'huile d'olive, les dés de poire, les noisettes et les graines de fenouil sur la base du mont d'or dans un plat, recouvrez avec le disque de croûte et enfournez pour 30 minutes à 180 °C.
6 Servez avec une salade verte assaisonnée d'huile de noix.

pour 6 personnes
préparation 20 minutes
congélation 10 minutes
cuisson 30 minutes

vin conseillé nuits-saint-georges (par exemple Albert Bichot), rouge (17 °C)

prêt en 30 min

mont d'or au four

6 pommes de terre
1 saucisse de Morteau
1 mont d'or
10 cl de vin jaune
6 tranches de pain de campagne
6 tranches de coppa
6 tranches de jambon cru

1 Épluchez les pommes de terre, piquez la saucisse de Morteau et faites cuire le tout à l'eau bouillante pendant 20 minutes environ.
2 Piquez le mont d'or, imbibez-le de vin jaune et enfournez-le pour 20 minutes à 180 °C.
3 Coupez les tranches de pain de campagne pour en faire des mouillettes, puis faites-les griller au four pour les rendre croustillantes.
4 Sortez le mont d'or du four et disposez-le au milieu de la table. Trempez les mouillettes dans le mont d'or fondu et accompagnez de charcuterie et de pommes de terre.

pour 6 personnes
préparation 10 minutes
cuisson 20 minutes

vin conseillé arbois, vin jaune
(par exemple un fruitière-vinicole-d'arbois), blanc (15 °C)

prêt en 55 min

endives au vieux cantal

300 g de vieux cantal
6 endives
30 g de beurre
30 g de farine
50 cl de lait entier
6 tranches de jambon sec
50 g de noisettes concassées
50 g d'amandes concassées
sel, poivre

1 Coupez 200 g de vieux cantal en 6 tranches identiques (un peu plus petites que les endives).
2 Faites cuire les endives à l'eau salée pendant 15 minutes, puis égouttez-les bien.
3 Faites fondre le beurre dans une casserole, ajoutez la farine et laissez cuire 5 minutes. Ajoutez ensuite le lait froid, laissez épaissir à feu doux en fouettant souvent, puis assaisonnez.
4 Ouvrez les endives en deux, glissez-y 1 tranche de vieux cantal et enroulez-les dans 1 tranche de jambon. Disposez les endives ainsi préparées dans un plat à gratin et recouvrez de béchamel.
5 Coupez les 100 g de vieux cantal restants en petits cubes, disposez-les sur le plat, ajoutez des noix de beurre puis parsemez de noisettes et d'amandes concassées.
6 Enfournez pour 15 minutes à 180 °C.

pour 6 personnes
préparation 15 minutes
cuisson 40 minutes

vin conseillé saint-véran (par exemple un les-ombrelles), blanc (8 °C)

prêt en 25 min

magret de canard et crème de munster

3 magrets de canard
6 poires
3 échalotes
200 g de munster
10 cl de gewurztraminer
20 cl de crème liquide
sel, poivre

1 Quadrillez la peau des magrets jusqu'à la chair à l'aide d'un couteau.
2 Épluchez les poires, coupez-les en deux, enlevez le cœur et les pépins.
3 Épluchez les échalotes, puis hachez-les.
4 Coupez le munster en petits cubes.
5 Dans une casserole, faites réduire le vin de moitié, ajoutez la crème puis, petit à petit, les dés de munster, jusqu'à obtenir une consistance épaisse ; assaisonnez.
6 Dans une poêle, faites revenir les magrets côté peau pendant 7 minutes, avec les échalotes – la graisse doit fondre. Retournez les magrets et laissez-les cuire 2 minutes côté chair pour une cuisson rosée. Gardez les magrets au chaud. Faites dorer les poires dans la graisse des magrets.
7 Coupez les magrets en tranches et nappez de crème de munster. Servez les poires à côté.

pour 6 personnes
préparation 15 minutes
cuisson 10 minutes

vin conseillé vin d'Alsace, gewurztraminer (par exemple un collection-privée Caves d'Ingersheim), blanc (8 °C)

prêt en 1 h 30

parmentier de confit de canard à l'ossau-iraty

6 grosses pommes de terre
20 cl de crème liquide
50 g de beurre
1 c. à c. de muscade
6 cuisses de canard confites
1 botte d'estragon
100 g de noisettes entières
200 g d'ossau-iraty
50 g de poudre d'amandes
sel, poivre

1 Faites cuire les pommes de terre à l'eau pendant 45 minutes. Écrasez-les en les mélangeant avec la crème et le beurre. Ajoutez la muscade, assaisonnez.
2 Réchauffez doucement les cuisses de canard au four, puis émiettez-les en prenant soin d'enlever tous les os ; gardez la peau.
3 Effeuillez l'estragon, hachez grossièrement les noisettes, mélangez le tout avec le canard, puis assaisonnez.
4 Coupez l'ossau-iraty en petits cubes et ajoutez-les à la purée de pommes de terre.
5 Dans un plat à gratin, disposez une couche de confit de canard, recouvrez avec la purée à l'ossau-iraty, puis saupoudrez de poudre d'amandes.
6 Réchauffez au four pendant 15 minutes à 180 °C.

pour 6 personnes
préparation 30 minutes
cuisson 1 heure

vin conseillé gaillac
(par exemple un domaine-du-moulin),
rouge (16 °C)

prêt en 30 min

grenadins de veau au rocamadour

2 échalotes
6 cèpes
1 botte de persil plat
2 bottes d'asperges vertes
50 g de beurre
1 verre de porto blanc
30 cl de crème liquide
6 grenadins de veau
6 rocamadours
sel, poivre

1 Épluchez les échalotes puis émincez-les. Coupez les cèpes en gros cubes.
2 Hachez grossièrement le persil.
3 Faites cuire les asperges dans de l'eau bouillante salée, en les gardant fermes, puis rafraîchissez-les aussitôt sous l'eau froide et coupez-les en deux.
4 Poêlez les échalotes dans le beurre et faites caraméliser les cèpes. Ajoutez les asperges, le porto et la crème liquide, laissez réduire de moitié, puis assaisonnez.
5 Poêlez les grenadins de veau en les gardant rosés, disposez sur le dessus 1 rocamadour, puis passez sous le gril pour 5 minutes.
6 Dressez sur les assiettes la garniture aux asperges, disposez sur le dessus 1 grenadin de veau au rocamadour et décorez de persil haché.

pour 6 personnes
préparation 30 minutes
cuisson 10 minutes

vin conseillé cahors (par exemple un clos-la-coutale), rouge (16 °C)

prêt en 40 min

escalopes de poulet au beaufort

2 échalotes
2 c. à s. d'huile d'olive
150 g de girolles
50 g de cerneaux de noix
100 g de magret fumé
2 tranches de pain de mie
10 cl de crème liquide
300 g de beaufort
1 botte de coriandre
6 escalopes de poulet
50 g de beurre
20 cl de vin blanc
sel, poivre

1 Épluchez les échalotes, émincez-les et faites-les revenir dans l'huile d'olive. Ajoutez les girolles, les noix et le magret fumé coupé en tranches ; laissez l'eau de cuisson s'évaporer entièrement.
2 Trempez le pain de mie dans la crème liquide.
3 Râpez le beaufort et effeuillez la coriandre.
4 Mixez le mélange girolles-magret avec le pain de mie et la coriandre, ajoutez le beaufort râpé et assaisonnez.
5 Aplatissez les escalopes de poulet avec un rouleau à pâtisserie, garnissez-les de farce et roulez-les. Ficelez toutes les escalopes et faites-les revenir dans le beurre afin de bien les faire dorer. Disposez-les dans un plat à gratin, versez le vin blanc et faites cuire au four 20 minutes à 160 °C.

pour 6 personnes
préparation 20 minutes
cuisson 20 minutes

vin conseillé jurançon (par exemple un blanc de blancs sec grain-sauvage), blanc (8 °C)

Un plat convivial et authentique des hauteurs de la Savoie.
Le reblochon fait ressortir ses arômes durant la cuisson au four.
Les amateurs apprécieront son goût prononcé.

prêt en 1 h 05

la tartiflette

8 pommes de terre
4 oignons
2 c. à s. d'huile d'olive
200 g de lardons fumés
30 cl de crème liquide
1 pincée de muscade
1 reblochon
sel, poivre

1 Épluchez les pommes de terre, faites-les cuire à l'eau bouillante pendant 20 minutes, puis coupez-les en gros cubes.
2 Épluchez les oignons, émincez-les, faites-les revenir dans l'huile d'olive avec les lardons fumés, puis mélangez le tout avec les pommes de terre.
3 Disposez la préparation dans un plat à gratin, recouvrez de crème liquide assaisonnée à la muscade, salez et poivrez.
4 Coupez le reblochon en deux dans l'épaisseur, disposez les 2 disques sur le gratin, côté peau sur le dessus, et enfournez pour 20 minutes à 160 °C.

pour 6 personnes
préparation 45 minutes
cuisson 20 minutes

vin conseillé vin de Suisse
(par exemple un fendant-du-valais – provins-valais), blanc (8 °C)

prêt en 1 h 05

cake à l'abondance et au basilic

4 oignons
2 saucisses de campagne (Toulouse)
1 sachet de levure chimique
200 g de farine
4 œufs
80 g de beurre
2 c. à s. d'huile d'olive
30 cl de lait entier
1 botte de basilic
180 g d'abondance

1 Épluchez et émincez les oignons, coupez les saucisses en rondelles, puis faites revenir le tout.
2 Mélangez la levure avec la farine, faites un puits, cassez-y les œufs puis ajoutez le beurre fondu et l'huile d'olive. Mélangez, puis ajoutez le lait en prenant soin de ne pas faire de grumeaux.
3 Ciselez le basilic, coupez l'abondance en petits cubes, incorporez le tout à la pâte à cake, puis ajoutez la fondue d'oignons aux saucisses.
4 Beurrez et farinez un moule à cake, versez l'appareil puis enfournez pour 45 minutes environ à 160 °C. Piquez avec la pointe d'un couteau pour vérifier la cuisson.

pour 6 personnes
préparation 20 minutes
cuisson 45 minutes

vin conseillé côtes-du-rhône
(par exemple un domaine-de-la-berthète),
rosé (11 °C)

prêt en 30 min

rouleaux de printemps au comté

- 2 cuisses de canard confites
- 1 concombre
- 1 carotte
- 1 mangue
- 300 g de comté
- 4 brins de menthe
- 6 brins de coriandre
- 6 galettes de riz
- 100 g de pousses d'alfalfa
- 1 poignée de roquette
- 200 g de pousses de soja

VINAIGRETTE AU KETCHUP

- 1 échalote
- 1 c. à s. de sauce soja
- 4 c. à s. de ketchup
- 2 c. à s. d'huile d'olive

1 Émiettez le confit de canard.

2 Épluchez les légumes et la mangue, puis coupez-les en bâtonnets de taille identique. Coupez le comté en bâtonnets.

3 Effeuillez la menthe et la coriandre, puis ciselez-les.

4 Préparez la vinaigrette au ketchup : épluchez l'échalote, hachez-la finement et mélangez-la avec la sauce soja, le ketchup et l'huile d'olive.

5 Trempez les galettes de riz une à une dans de l'eau chaude, en les tenant par les bords. Étalez les galettes sur un torchon humide, disposez-y du confit émietté, des bâtonnets de légumes et de comté, de l'alfalfa, de la roquette et des pousses de soja. Ajoutez de la menthe et de la coriandre, puis roulez les galettes en serrant bien.

6 Coupez les rouleaux en deux et servez-les avec la vinaigrette au ketchup.

pour 6 personnes
préparation 30 minutes

vin conseillé fronton
(par exemple un château-bellevue-la-forêt),
rosé (11 °C)

Fini les cordons-bleus achetés au rayon des surgelés, essayez-vous aux cordons-bleus maison. Faciles à réaliser, ils n'en seront que meilleurs ! Petits et grands apprécieront. Accompagnez-les de haricots verts bien croquants.

prêt en 1 h 50

cordons-bleus

300 g de comté
3 œufs
6 escalopes de poulet
6 tranches de jambon blanc
6 biscottes
100 g de beurre
1 c. à s. d'huile de tournesol
sel, poivre

1 Coupez le comté en fines lamelles. Cassez les œufs dans un bol et fouettez-les à l'aide d'une fourchette.
2 Aplatissez les escalopes de poulet à l'aide d'un rouleau à pâtisserie et assaisonnez-les.
3 Disposez sur chaque escalope 1 tranche de jambon blanc (le poulet doit dépasser de 1 cm), puis des lamelles de comté.
4 Mouillez à l'œuf les rebords du poulet, refermez comme un portefeuille en collant bien les bords et gardez au frais pendant 1 heure.
5 Mixez les biscottes pour en faire de la chapelure. Passez les cordons-bleus dans les œufs fouettés puis dans la chapelure, tassez bien pour la faire adhérer.
6 Dans une poêle antiadhésive, faites fondre le beurre, ajoutez l'huile de tournesol et faites dorer les cordons-bleus 10 minutes sur chaque face.

pour 6 personnes
préparation 30 minutes
réfrigération 1 heure
cuisson 20 minutes

vin conseillé saumur
(par exemple un réserve-des-vignerons),
rouge (14 °C)

prêt en 1 h

diots au reblochon

200 g de lentilles vertes du Puy
1 oignon
1 carotte
1 reblochon
2 échalotes
6 diots (ou saucisses de Toulouse)
15 cl de vin blanc
sel, poivre

1 Faites cuire les lentilles dans un grand volume d'eau froide, avec l'oignon et la carotte épluchés et émincés pendant 20 minutes.
2 Coupez le reblochon en lamelles.
3 Épluchez et ciselez les échalotes.
4 Piquez les diots, mettez-les dans un plat à gratin avec les échalotes et enfournez pour 10 minutes à 150 °C. Ajoutez ensuite les lentilles et le vin blanc, assaisonnez, recouvrez de lamelles de reblochon et laissez cuire 15 minutes supplémentaires.

pour 6 personnes
préparation 15 minutes
cuisson 45 minutes

vin conseillé vin d'Alsace, pinot noir (par exemple un collection-privée), rouge (14 °C)

prêt en 40 min

le berthoud

3 pommes de terre roseval
6 tranches de pancetta
800 g d'abondance
3 tranches de pain de campagne
2 gousses d'ail
1 oignon doux
20 cl de chignin-bergeron ou de madère
20 cl de madère

1 Épluchez les pommes de terre et faites-les cuire à l'eau, en les gardant fermes, puis coupez-les en tranches.
2 Poêlez les tranches de pancetta afin qu'elles soient bien dorées.
3 Coupez le fromage en tranches fines.
4 Frottez les tranches de pain de campagne à l'ail, coupez-les en croûtons et faites-les dorer au four.
5 Épluchez et émincez l'oignon doux.
6 Prenez 6 ramequins et disposez dans chacun d'eux des croûtons, 1 tranche de pancetta grillée, des tranches de pomme de terre et un peu d'oignon. Recouvrez de fromage, versez du vin de Chignin et du madère, puis enfournez pour 10 minutes à 160 °C, jusqu'à ce que le fromage commence à dorer.

pour 6 personnes
préparation 30 minutes
cuisson 10 minutes

vin conseillé vin de Savoie, chignin-bergeron, blanc (8 °C)

prêt en 20 min

saumon à l'époisses

2 branches d'aneth
1 c. à c. de mélange de poivres (Moulin Poivre Saveur)
6 pavés de saumon avec la peau
200 g d'époisses
1 kg d'épinards frais
100 g de beurre
le jus de 1 citron
sel

1 Hachez finement l'aneth et mélangez-le avec les poivres.
2 Panez les pavés de saumon avec ce mélange, côté chair.
3 Coupez l'époisses en 18 tranches fines. Incisez chaque pavé de saumon, côté chair, en 3 endroits, puis glissez 1 tranche d'époisses dans chaque incision.
4 Disposez les pavés de saumon sur une plaque de four chemisée de papier sulfurisé, puis enfournez-les pour 5 minutes à 200 °C sous le gril : le saumon doit rester cru à cœur.
5 Faites fondre les épinards dans 50 g de beurre, assaisonnez.
6 Faites dorer les 50 g de beurre restants, ajoutez le jus de citron. Dressez 1 dôme d'épinards sur chaque assiette. Disposez 1 pavé de saumon sur chaque dôme et entourez d'un cordon de beurre noisette.

pour 6 personnes
préparation 10 minutes
cuisson 10 minutes

vin conseillé chablis-premier-cru-fourchaume (par exemple un les-vaux-sereins La Chablisienne), blanc (9 °C)

prêt en 1 h 10

saumon fumé farci au chaource

6 brins de ciboulette
6 branches d'aneth
1 oignon nouveau
1 chaource de 250 g
1 c. à c. de moutarde Savora
le zeste de 1 citron vert
6 belles tranches de saumon fumé
50 g d'œufs de saumon

1 Émincez les brins de ciboulette, les branches d'aneth et l'oignon nouveau.
2 Écrasez le chaource à la fourchette, ajoutez la moutarde Savora, les herbes émincées et le zeste de citron vert.
3 Tartinez les tranches de saumon fumé de chaource, disposez quelques œufs de saumon sur la surface et roulez le tout en serrant. Coupez chaque extrémité en biseau, roulez dans du film alimentaire et gardez au frais pendant 1 heure avant de servir.

pour 6 personnes
préparation 10 minutes
réfrigération 1 heure

vin conseillé champagne (par exemple un première-cuvée brut Nicolas), blanc (8 °C)

prêt en 1 h 30

gâteau d'aubergines au comté

6 aubergines
huile d'olive
300 g de reste de rôti
(ou de viande hachée)
3 gousses d'ail
3 échalotes
50 g de gingembre frais
3 c. à s. de ketchup
3 tomates
5 œufs
300 g de comté
sel, poivre

1 Coupez les aubergines dans le sens de la longueur et poêlez-les dans l'huile d'olive afin qu'elles soient bien tendres.
2 Hachez la viande. Épluchez l'ail, les échalotes et le gingembre, puis hachez le tout.
3 Faites revenir l'ensemble dans l'huile d'olive, ajoutez le ketchup et les tomates coupées en cubes. Laissez cuire 45 minutes, jusqu'à ce que l'eau des tomates se soit totalement évaporée. Assaisonnez bien, puis ajoutez les œufs.
4 Râpez le comté.
5 Chemisez un moule à charlotte huilé de tranches d'aubergine, recouvrez d'une couche de garniture à la viande puis de comté. Renouvelez l'opération et terminez par des aubergines.
6 Enfournez pour 30 minutes à 160 °C, puis démoulez comme un gâteau.

pour 6 personnes
préparation 1 heure
cuisson 30 minutes

vin conseillé cassis (par exemple un domaine-de-la-ferme-blanche), rosé (11 °C)

prêt en 35 min

risotto au crottin de Chavignol

1 oignon
3 tranches de jambon cru
2 crottins de Chavignol secs
50 g de beurre
400 g de riz arborio
1 verre de vin blanc
1 litre de bouillon de poule
100 g de petits pois frais
huile d'olive
sel, poivre

1 Épluchez et émincez l'oignon. Coupez le jambon cru en fines allumettes.
2 Râpez les crottins de Chavignol.
3 Dans une grande casserole, faites revenir dans le beurre l'oignon et les allumettes de jambon cru, ajoutez le riz et remuez jusqu'à ce qu'il devienne translucide ; ajoutez le vin blanc et laissez le riz l'absorber.
4 Versez 1 louchée de bouillon de poule sur le riz, en remuant à l'aide d'une spatule en bois. Quand le bouillon est absorbé, renouvelez l'opération jusqu'à ce que le riz soit prêt (la cuisson prend 22 minutes). Ajoutez les crottins râpés, les petits pois frais crus, et assaisonnez.
5 Servez en nappant d'un filet d'huile d'olive.

pour 6 personnes
préparation 10 minutes
cuisson 25 minutes

vin conseillé sancerre
(par exemple un les-champs-clos),
blanc (8 °C)

prêt en 1 h

gratin de crozets à la tome des Bauges

400 g de crozets (pâtes typiques de la Savoie)
200 g de tome des Bauges
3 tranches de jambon de Savoie
3 échalotes
huile d'olive
20 cl de crème liquide
1 c. à c. de muscade
sel, poivre

1 Faites cuire les crozets dans un grand volume d'eau pendant 30 minutes. Rincez-les à l'eau froide.
2 Coupez la tome des Bauges en petits cubes, émincez le jambon et les échalotes.
3 Faites revenir dans l'huile d'olive les échalotes avec le jambon émincé.
4 Mélangez le tout avec les crozets, ajoutez la tome des Bauges, puis assaisonnez.
5 Versez la préparation dans un plat à gratin. Mélangez la crème liquide avec la muscade, versez-la sur les crozets et enfournez pour 10 minutes à 160 °C.

pour 6 personnes
préparation 20 minutes
cuisson 40 minutes

vin conseillé vin de Savoie
(par exemple une mondeuse Montania), rouge (14 °C)

plats végétariens

prêt en 1 h 05

diplomate au morbier

20 cl de crème liquide
30 cl de lait entier
6 œufs
1 c. à c. de poivre mignonnette
250 g de biscuits à la cuillère
400 g de morbier
50 g de cerneaux de noix
50 g de raisins blonds
sel

1 Mélangez la crème et le lait, puis ajoutez les œufs en fouettant bien. Ajoutez le poivre et salez.
2 Trempez les biscuits à la cuillère dans le mélange lait-crème-œufs.
3 Coupez le morbier en tranches.
4 Dans un moule à cake préalablement beurré, disposez la moitié des biscuits à la cuillère, des tranches de morbier, des cerneaux de noix et des raisins blonds. Renouvelez l'opération puis recouvrez le tout du reste du mélange lait-crème-œufs ; faites bien pénétrer la préparation en remuant le moule à cake.
5 Faites cuire au four, au bain-marie, 45 minutes à 160 °C. Dégustez tiède (plus le diplomate sera froid, plus il se démoulera facilement).

pour 6 personnes
préparation 20 minutes
cuisson 45 minutes

vin conseillé beaujolais, saint-amour (par exemple un domaine-des-billards), rouge (14 °C)

prêt en 40 min

poireaux tièdes au morbier

6 poireaux
1 botte de coriandre
300 g de morbier

VINAIGRETTE
2 c. à s. de moutarde Savora
1 c. à s. de vinaigre balsamique
4 c. à s. d'huile d'olive
1 bâton de céleri
2 échalotes
sel, poivre

1 Fendez les poireaux en quatre dans le sens de la longueur, sans aller jusqu'au bout, puis lavez-les à grande eau.
2 Faites cuire les poireaux dans de l'eau bouillante pendant 20 minutes.
3 Préparez une vinaigrette en mélangeant la moutarde, le vinaigre et l'huile. Ajoutez le céleri coupé en petits cubes. Épluchez et ciselez les échalotes, puis ajoutez-les à la vinaigrette ; assaisonnez.
4 Effeuillez et hachez grossièrement la coriandre. Coupez le morbier avec sa croûte en tranches fines.
5 Disposez les poireaux dans un plat à gratin, recouvrez de morbier, parsemez de coriandre hachée et passez au four pour 10 minutes à 160 °C. Servez arrosé de vinaigrette.

pour 6 personnes
préparation 10 minutes
cuisson 30 minutes

vin conseillé saint-véran
(par exemple un les-ombrelles),
blanc (10 °C)

prêt en 1 h 30

aubergines farcies au livarot

3 aubergines
huile d'olive
1 livarot
600 g de tomates fraîches
1 botte de basilic
4 oignons
20 g de gingembre frais
4 gousses d'ail
50 g de ketchup
4 biscottes
1 branche de romarin
sel, poivre

1 Coupez les aubergines en tranches fines, dans le sens de la longueur, puis poêlez-les dans l'huile d'olive.
2 Enlevez la croûte du livarot et coupez-le en rectangles de la largeur des aubergines. Enroulez chaque rectangle de livarot dans 1 tranche d'aubergine.
3 Plongez les tomates dans une casserole d'eau bouillante pour 10 secondes, puis pelez-les. Effeuillez et ciselez le basilic. Épluchez les oignons, le gingembre et l'ail, hachez le tout et faites revenir dans l'huile d'olive. Ajoutez les tomates grossièrement coupées et le basilic, laissez compoter pendant 45 minutes puis ajoutez le ketchup ; assaisonnez.
4 Hachez les biscottes avec le romarin.
5 Disposez dans un plat à gratin les aubergines farcies au livarot, recouvrez avec le coulis de tomates et parsemez de biscottes au romarin.
6 Enfournez pour 15 minutes à 160 °C.

pour 6 personnes
préparation 30 minutes
cuisson 1 heure

vin conseillé marsannay
(par exemple un château-de-marsannay),
rosé (11 °C)

prêt en 8 h 15

galettes au pont-l'évêque

200 g de pont-l'évêque
3 cébettes
3 cl de crème fraîche épaisse
2 pommes
sel, poivre

PÂTE À CRÊPES
250 g de farine de sarrasin
2 œufs
50 g de beurre
25 cl de lait entier
15 cl d'eau froide

1 La veille, préparez la pâte à crêpes en mélangeant la farine de sarrasin avec les œufs ; ajoutez le beurre fondu, le lait et l'eau. Laissez reposer 1 nuit au frais.
2 Hachez grossièrement le pont-l'évêque ainsi que les cébettes, mélangez le tout avec la crème épaisse et assaisonnez.
3 Épluchez les pommes, coupez-les en petits cubes et ajoutez-les à la préparation.
4 Faites chauffer une poêle antiadhésive légèrement beurrée, faites cuire une galette et disposez le mélange au pont-l'évêque sur la moitié de sa surface ; repliez la galette, laissez cuire 1 minute, puis retournez-la et faites-la cuire 1 minute de plus.

pour 6 personnes
préparation 10 minutes
réfrigération 1 nuit
cuisson 5 minutes par crêpe

vin conseillé saint-émilion (par exemple un cheval-noir), rouge (18 °C)

prêt en 55 min

soufflé au gouda

4 carottes
150 g de gouda affiné
150 g de girolles
huile d'olive
50 g de beurre
50 g de farine
25 cl de lait froid
1 c. à s. de cumin moulu
5 œufs
sel, poivre

1 Épluchez les carottes, coupez-les en rondelles puis faites-les cuire dans un grand volume d'eau jusqu'à ce qu'elles tombent en purée. Égouttez-les, mettez-les dans un linge et pressez afin de faire sortir toute l'eau ; réduisez en purée. Râpez le gouda.
2 Poêlez les girolles dans l'huile d'olive, assaisonnez.
3 Faites fondre le beurre dans une casserole, ajoutez la farine, laissez blondir, puis ajoutez le lait. Laissez cuire 5 minutes à feu doux en remuant sans cesse, puis ajoutez les girolles, le cumin, la purée de carottes et le gouda.
4 Séparez les blancs des jaunes d'œufs, montez les blancs en neige ferme et ajoutez les jaunes à la préparation précédente.
5 Incorporez délicatement les blancs en neige à l'aide d'une Maryse. Beurrez un moule à soufflé et versez-y la préparation. Faites cuire 25 minutes dans un four préchauffé à 200 °C, sans ouvrir la porte.

pour 6 personnes
préparation 30 minutes
cuisson 25 minutes

vin conseillé arbois
(par exemple un chardonnay de la Fruitière Vinicole d'Arbois),
blanc (9 °C)

soufflé à l'ossau-iraty Râpez 150 g d'ossau-iraty. Beurrez un moule à soufflé et préchauffez le four à 180 °C. Préparez une béchamel : faites fondre 30 g de beurre dans une casserole, ajoutez 30 g de farine, laissez cuire 2 minutes en remuant bien, puis ajoutez 30 cl de lait et 10 cl de crème liquide. Hors du feu, incorporez 5 jaunes d'œufs et le fromage râpé. Montez 5 blancs d'œufs en neige ferme, incorporez-les délicatement à la préparation et versez le tout dans le moule à soufflé. Enfournez pour 25 minutes. Servez dès la sortie du four.

prêt en 45 min

l'aligot

1 kg de pommes de terre
3 gousses d'ail
400 g de tome fraîche de cantal
20 cl de crème fraîche épaisse
sel, poivre

1 Épluchez les pommes de terre et l'ail, coupez-les en cubes, puis faites-les cuire à l'eau bouillante pendant 30 minutes.
2 Coupez la tome de cantal en petits cubes.
3 Passez les pommes de terre et l'ail au presse-purée, ajoutez la crème fraîche épaisse. Salez et poivrez, puis incorporez rapidement la tome de cantal, en remuant énergiquement à l'aide d'une spatule en bois. L'aligot doit filer au bout de la spatule en formant un ruban.

pour 6 personnes
préparation 15 minutes
cuisson 30 minutes

vin conseillé fitou
(par exemple un domaine-du-lauzié),
rouge (16 °C)

prêt en 1 h 05

tomates farcies au pouligny saint-pierre

12 petites tomates en grappe
100 g de lentilles vertes du Puy
1 oignon piqué de 1 clou de girofle
1 bouquet garni
1 échalote
4 brins de menthe
200 g de pouligny saint-pierre sec
3 c. à s. d'huile d'olive
2 c. à s. de crème fraîche épaisse
sel, poivre

1 Coupez les tomates de la grappe en gardant une partie de la queue attachée, incisez en forme de croix le côté opposé à la queue et plongez les tomates pour 5 secondes dans de l'eau bouillante. Ôtez la peau en la retroussant vers la queue, puis coupez un chapeau côté queue avec la peau.
2 Évidez délicatement les tomates puis assaisonnez-les.
3 Faites cuire les lentilles vertes du Puy pendant 20 minutes dans de l'eau bouillante, avec l'oignon piqué du clou de girofle et le bouquet garni.
4 Épluchez et ciselez l'échalote, puis hachez finement les feuilles de menthe.
5 Émiettez le fromage et mélangez-les avec les lentilles, l'échalote et la menthe ; ajoutez l'huile d'olive et la crème fraîche, salez et poivrez. Garnissez les tomates de ce mélange puis recouvrez-les de leur chapeau.

pour 6 personnes
préparation 45 minutes
cuisson 20 minutes

vin conseillé les-baux-de-provence (par exemple un la-chapelle-de-romanin), rouge (16 °C)

prêt en 40 min

courgettes farcies au banon

12 petites courgettes rondes
3 banons
150 g de fromage blanc
50 g de raisins de Corinthe
100 g de tomates séchées
1 botte d'estragon
100 g de poudre d'amandes
huile d'olive
sel, poivre du moulin

1 Faites cuire les courgettes à la vapeur, en les gardant fermes. Coupez ensuite leur chapeau et videz la chair.
2 Mixez les banons avec le fromage blanc, puis ajoutez les raisins de Corinthe.
3 Hachez finement les tomates séchées et les feuilles d'estragon. Ajoutez-les aux banons mixés, puis assaisonnez.
4 Garnissez les courgettes de ce mélange, saupoudrez de poudre d'amandes, donnez un tour de moulin à poivre puis recouvrez-les de leur chapeau.
5 Disposez les courgettes dans un plat à gratin, nappez-les d'huile d'olive et enfournez pour 20 minutes environ à 180 °C.

pour 6 personnes
préparation 20 minutes
cuisson 20 minutes

vin conseillé côtes-de-provence (par exemple un château-cavalier), rosé (11 °C)

prêt en 1 h

flan de champignons au picodon

100 g de cèpes
100 g de girolles
100 g de trompettes-des-morts
1 échalote
50 g de beurre
1 botte de ciboulette
3 picodons
50 cl de crème liquide
5 œufs
sel, poivre

1 Nettoyez bien les champignons, épluchez et ciselez l'échalote. Faites revenir le tout dans le beurre : les champignons doivent être dorés.
2 Hachez finement la ciboulette.
3 Mixez les picodons avec la crème liquide, puis fouettez avec les œufs ; incorporez les champignons et la ciboulette, assaisonnez.
Beurrez 6 ramequins, remplissez-les aux trois quarts de mélange aux champignons et faites cuire 45 minutes au bain-marie, dans un four à 160 °C.
4 Démoulez avant de servir et consommez tiède.

pour 6 personnes
préparation 15 minutes
cuisson 45 minutes

vin conseillé meursault (par exemple un domaine-du-château-de-meursault), blanc (9 °C)

Pour vous réconforter après une journée de ski ou tout simplement pour oublier un peu le froid de l'hiver, posez la fondue sur le réchaud au milieu de la table et dégustez avec des croûtons bien croustillants. C'est délicieux !

prêt en 30 min

la fondue

1 gousse d'ail
60 cl de vin blanc de Savoie
400 g de beaufort
200 g d'emmental
10 cl de kirsch
2 baguettes rassises
2 œufs
1 tempête de neige

1 Dans un caquelon préalablement frotté à l'ail, faites bouillir le vin blanc.
2 Râpez les fromages et ajoutez-les petit à petit dans le vin blanc, en remuant sans cesse ; lorsque le tout a fondu, ajoutez le kirsch.
3 Coupez les baguettes en croûtons, frottez-les avec la gousse d'ail et dégustez. Attention aux gages !
4 À la fin de la fondue, cassez les œufs dans le caquelon, remuez et laissez cuire en grattant le fromage grillé.

pour 6 personnes
préparation 15 minutes
cuisson 15 minutes

vin conseillé vin de Savoie (par exemple un château-d'apremont), blanc (8 °C)

prêt en 40 min

tian d'ossau-iraty aux légumes grillés

1 aubergine
3 courgettes
4 oignons doux
3 tomates
1 botte de basilic
400 g d'ossau-iraty
huile d'olive
1 c. à c. de graines de fenouil
sel, poivre

1 Coupez tous les légumes en rondelles de même taille ; effeuillez et émincez le basilic.
2 Émincez l'ossau-iraty à l'aide d'un économe.
3 Poêlez les rondelles d'aubergine dans l'huile d'olive ; elles doivent être très tendres.
4 Faites dorer les courgettes en les gardant croquantes.
5 Dans un plat à gratin, disposez côte à côte les légumes, les lamelles de fromage et le basilic. Parsemez de graines de fenouil, nappez d'un filet d'huile d'olive, assaisonnez.
6 Enfournez pour 20 minutes environ à 200 °C, jusqu'à ce que le fromage soit fondu (les courgettes et les oignons doivent rester croquants).

pour 6 personnes
préparation 20 minutes
cuisson 20 minutes

vin conseillé bordeaux (par exemple un château-haut-rian), rosé (11 °C)

prêt en 40 min

polenta aux fruits secs et au beaufort

200 g de beaufort
100 g d'abricots secs
100 g de pruneaux d'Agen
50 cl de lait
50 cl d'eau
350 g de polenta
50 g de pistaches
50 g de noisettes
sel, poivre

1 Râpez le beaufort. Coupez les abricots et les pruneaux en petits dés.
2 Faites bouillir le lait et mélangez-le avec l'eau. Versez la polenta en pluie, remuez sans cesse et laissez cuire en suivant les instructions sur l'emballage de la polenta.
3 Mélangez le fromage, les abricots, les pruneaux, les pistaches et les noisettes avec la polenta, assaisonnez.
4 Versez le tout dans un plat à gratin et enfournez pour 15 minutes à 160 °C.

pour 6 personnes
préparation 10 minutes
cuisson 30 minutes

vin conseillé vin d'Alsace, gewurztraminer (par exemple un collection-privée Caves d'Ingersheim), blanc (8 °C)

prêt en 55 min

gratin pomme, châtaigne et tome des Bauges

3 pommes de terre roseval
3 pommes granny-smith
50 g de beurre
200 g de châtaignes prêtes à cuire
1 pincée de piment d'Espelette
200 g de tome des Bauges
1 c. à s. de miel de châtaignier
fleur de sel, poivre

1 Faites cuire les pommes de terre avec leur peau 20 minutes à l'eau bouillante – elles doivent rester fermes –, puis coupez-les en dés.
2 Épluchez les pommes granny-smith et coupez-les en dés.
3 Faites revenir le tout dans le beurre, en ajoutant les châtaignes et le piment, jusqu'à ce que les pommes soient dorées. Assaisonnez.
4 Mettez le tout dans un plat à gratin, coupez la tome des Bauges en fines tranches et recouvrez-en le mélange. Nappez de miel et enfournez pour 15 minutes à 150 °C.

pour 6 personnes
préparation 20 minutes
cuisson 35 minutes

vin conseillé crozes-hermitage (par exemple un cave-de-tain), blanc (9 °C)

prêt en 20 min

mille-feuille de reblochon

20 g de beurre
1 reblochon
2 pommes granny-smith
2 bâtons de céleri
9 abricots secs
6 feuilles de brick

1 Faites fondre le beurre au micro-ondes.
2 Coupez le reblochon, les pommes et le céleri en fines lamelles.
3 Coupez les abricots secs en deux.
4 Coupez les feuilles de brick en quatre et beurrez-les à l'aide d'un pinceau.
5 Sur une feuille de papier sulfurisé, disposez 6 quarts de feuille de brick, puis dressez sur chacune 1 lamelle de reblochon, du céleri, de la pomme et ½ abricot sec. Renouvelez l'opération 2 fois et terminez par 1 feuille de brick.
6 Enfournez pour 10 minutes à 120 °C : les bricks doivent être dorés.

pour 6 personnes
préparation 10 minutes
cuisson 10 minutes

vin conseillé vin d'Alsace (par exemple un sylvaner), blanc (8 °C)

une note sucrée

prêt en 30 min

clafoutis au livarot

1 livarot
6 figues fraîches
125 g de farine
2 œufs
25 cl de lait
1 c. à s. de miel

1 Enlevez la croûte du livarot et coupez-le en cubes.
2 Coupez les figues fraîches en quatre.
3 Mélangez la farine avec les œufs, le lait et le miel, en prenant soin de ne pas faire de grumeaux.
4 Beurrez un moule à gratin, garnissez-le de pâte à clafoutis, disposez les cubes de livarot et les figues fraîches sur le dessus et faites cuire au four 20 minutes à 180 °C. Laissez tiédir avant de déguster.

pour 6 personnes
préparation 10 minutes
cuisson 20 minutes

vin conseillé vin d'Alsace, pinot noir (par exemple un collection-privée), rouge (14 °C)

prêt en 3 h 15

blanc-manger de sainte-maure frais

4 feuilles de gélatine
100 g de sainte-maure-de-touraine frais
100 g de sucre semoule
100 g de fromage blanc
10 feuilles de basilic
25 cl de crème fleurette
300 g de fraises de type gariguette

1 Faites tremper les feuilles de gélatine dans de l'eau froide.
2 Mélangez le sainte-maure avec le sucre et le fromage blanc. Ciselez le basilic, puis ajoutez-le à la préparation.
3 Faites chauffer 5 cl de crème fleurette, faites-y fondre la gélatine puis ajoutez le tout au fromage.
4 Montez le reste de la crème fleurette en chantilly et mélangez les deux préparations ; moulez dans des ramequins individuels, puis mettez pour 3 heures au frais.
5 Mixez les fraises. Démoulez les blancs-mangers en trempant les ramequins dans de l'eau tiède, puis entourez-les d'un cordon de coulis de fraises.

pour 6 personnes
préparation 15 minutes
réfrigération 3 heures

vin conseillé crémant de Loire brut (par exemple un de-chanceny Cave des Vignerons de Saumur), blanc (7 °C)

prêt en 55 min

fiadone

6 œufs
300 g de sucre
500 g de brocciu
5 cl d'eau-de-vie
le zeste râpé de 1 citron
beurre

1 Séparez les blancs des jaunes d'œufs.
2 Mélangez le sucre, les jaunes d'œufs, le brocciu et l'eau-de-vie, puis ajoutez le zeste de citron.
3 Montez les blancs d'œufs en neige ferme. Mélangez-les délicatement avec le brocciu.
4 Beurrez un moule à bord haut, versez le mélange au tiers et enfournez pour 45 minutes environ à 140 °C.

pour 6 personnes
préparation 10 minutes
cuisson 45 minutes

vin conseillé muscat de Corse, IGP île-de-beauté blanc doux (par exemple un château-de-rasignani), blanc (7 °C)

pour accompagner le fromage

confiture de mûres

1 Rincez **500 g de mûres** et laissez-les s'égoutter.
2 Mettez les mûres, **500 g de sucre** et **le jus de 2 citrons** dans une casserole. Portez à ébullition en remuant de temps en temps. Couvrez et laissez cuire 35 minutes. Retirez ensuite l'écume.
3 Versez la confiture encore chaude dans des pots ébouillantés.

préparation 10 minutes
cuisson 35 minutes

confiture de figues

1 Lavez **1 kg de figues** sous l'eau fraîche, puis essuyez-les.
2 Coupez-les en quatre et faites-les revenir avec **750 g de sucre cristallisé** dans une bassine à confiture, en ajoutant **3 cuillerées à soupe d'eau**.
3 Faites cuire à feu très doux pendant 6 heures au moins, en remuant régulièrement. Une fois les fruits écrasés et le sirop transparent, retirez l'écume.
4 Versez la confiture encore chaude dans des pots ébouillantés.

préparation 10 minutes
cuisson 6 heures

gelée de pomme

1 Lavez et essuyez **1 kg de pommes** ; ne les pelez pas. Enlevez seulement le cœur.
2 Faites cuire les pommes avec **50 cl d'eau**, jusqu'à obtenir une compote. Passez-la au tamis pour récupérer le jus.
3 Pesez le jus de pomme obtenu et versez-le dans une bassine à confiture. Pesez **le même poids de sucre** et ajoutez-le aux pommes. Faites cuire 20 minutes.
4 Mettez dans des pots et fermez hermétiquement.

préparation 10 minutes
cuisson 40 minutes

gelée de cassis

1 Nettoyez et rincez **1 kg de cassis**. Mettez-les dans une casserole avec **30 cl d'eau** et portez lentement à ébullition. Retirez du feu et laissez les fruits macérer jusqu'à ce qu'ils pâlissent.
2 Passez le mélange au chinois pour recueillir le jus. Mesurez la quantité de ce dernier et versez-le dans une casserole. Portez à ébullition et laissez bouillir 5 minutes. Ajoutez le sucre (comptez **800 g de sucre par litre de jus obtenu**) et faites cuire sans couvercle pendant 10 à 20 minutes. Ne remuez pas la gelée pendant la cuisson.
3 Vérifiez la cuisson en versant 1 petite cuillerée de gelée sur une assiette froide. Si elle se fige, votre gelée est prête. Ôtez-la du feu et laissez reposer 2 minutes.
4 Retirez l'écume et versez dans des pots préalablement ébouillantés.

préparation 15 minutes
cuisson 35 minutes

chutney à la mangue

1 Épluchez **3 mangues**, ôtez les noyaux et coupez la chair en petits dés.
2 Mettez les fruits dans une terrine, avec **200 g de cassonade**, **1 pincée de curcuma moulu**, **1 cuillerée à café de cannelle moulue** et **1 cuillerée à café de gingembre frais râpé**. Mélangez bien le tout et laissez reposer environ 2 heures.
3 Versez les dés de mangue dans une casserole à fond épais, ajoutez **40 cl de vinaigre de malt ou de vin blanc**, **2 gousses d'ail hachées** et **1 gros oignon émincé**. Portez à frémissements tout en mélangeant doucement avec une cuillère, puis laissez cuire à feu doux environ 2 h 30. Le mélange va lentement épaissir. Remuez de temps en temps pour éviter que le fond n'attache.
4 Laissez reposer le chutney 20 minutes environ, puis versez-le dans des pots et fermez hermétiquement.

préparation 10 minutes
repos 2 heures + 20 minutes
cuisson 2 h 30

chutney à la tomate

1 Mettez dans une casserole **1 kg de tomates coupées en petits morceaux**, **500 g d'oignons hachés**, **150 g de dattes hachées**, **1 cuillerée à café de sel**, **250 g de cassonade**, **50 cl de vinaigre de vin blanc**, **1 cuillerée à café de gingembre frais finement râpé**, **1 cuillerée à café de graines de moutarde**, **½ cuillerée à café de clous de girofle moulus** et **½ cuillerée à café de poivre moulu**. Portez à ébullition en remuant de temps en temps. Laissez ensuite cuire à feu doux 40 à 50 minutes, en continuant de mélanger de temps en temps.
2 Versez le condiment dans des pots ébouillantés. Attendez 1 mois avant de le déguster.

préparation 15 minutes
cuisson 50 minutes
repos 1 mois

baguette

1 Dans le bol d'un robot pétrisseur, faites dissoudre **½ cuillerée à café de levure de boulanger instantanée** dans **7,5 cl d'eau**. Ajoutez **50 g de farine T65** et mélangez bien. Couvrez d'un torchon propre et laissez fermenter 20 minutes. Ajoutez **200 g de farine T65**, **1 cuillerée à café de sel** et **7 cl d'eau tiède**. Pétrissez pendant 10 minutes à vitesse lente, puis 10 minutes à vitesse moyenne, pour obtenir une boule souple qui ne colle pas trop aux mains. Laissez lever à température ambiante pendant 1 h 30, couvert d'un torchon.
2 Séparez la pâte en deux. Aplatissez chaque pâton avec les mains. Pliez-en un en deux, aplatissez. Repliez à nouveau, puis aplatissez. Roulez pour former une baguette, avec un pli sur le dessous. Façonnez l'autre baguette. Posez sur une plaque de cuisson farinée. Laissez lever 1 heure sous un torchon humide.
3 Préchauffez le four à 250 °C. À l'aide d'un cutter, tracez 2 entailles sur les baguettes, au centre. Enfournez et versez un peu d'eau dans la lèche-frite pour faire de la vapeur. Faites cuire 15 à 20 minutes.

baguette épis Pour façonner les épis une fois que la baguette est roulée, coupez la pâte sur le dessus avec une paire de ciseaux, sans aller jusqu'au bout. Déplacez chaque morceau de pâte sur le côté, alternativement à droite, puis à gauche.

préparation 35 minutes
repos 20 minutes + 1 h 30 + 1 heure
cuisson 15 à 20 minutes

pain de campagne

1 Faites dissoudre **½ cuillerée à café de levure de boulanger instantanée** dans **15 cl d'eau tiède**. Dans un robot pétrisseur, mélangez **45 g de farine de seigle T130, 250 g de farine « pain de campagne », 1 cuillerée à café de sucre semoule, 1 cuillerée à café de sel** et la levure. Pétrissez pendant 10 minutes à vitesse lente, puis 10 minutes à vitesse moyenne, pour obtenir une boule, souple qui ne colle pas trop aux mains. Laissez lever à température ambiante pendant 1 h 30, couvert d'un torchon.
2 Façonnez le pain : étalez la pâte pour former une galette. Repliez la pâte sur le dessous pour obtenir une boule. Posez sur une plaque de cuisson chemisée de papier sulfurisé et laissez lever sous un torchon humide pendant 1 heure.
3 Préchauffez le four à 240 °C. Incisez le dessus de la miche à l'aide d'un cutter. Saupoudrez de farine tamisée. Enfournez et versez un peu d'eau dans la lèche-frite pour faire de la vapeur. Faites cuire 30 minutes.

préparation 40 minutes
repos 1 h 30 + 1 heure
cuisson 30 minutes

pain complet aux céréales et aux noisettes

1 Faites dissoudre **½ cuillerée à café de levure de boulanger instantanée** dans **12,5 cl d'eau tiède**. Dans un robot pétrisseur, mélangez **150 g de farine multicéréale, 50 g de farine de sarrasin T150, 1 cuillerée à café de sel, 1 cuillerée à café de sucre** et la levure. Pétrissez pendant 10 minutes à vitesse lente, puis 10 minutes à vitesse moyenne, pour obtenir une boule souple qui ne colle pas trop aux mains. Ajoutez **40 g de noisettes concassées** et pétrissez encore 2 minutes. Laissez lever à température ambiante pendant 2 heures, couvert d'un torchon.
2 Façonnez le pain : étalez la pâte pour former une galette. Repliez la pâte sur le dessous pour obtenir une boule. Posez sur une plaque de cuisson chemisée de papier sulfurisé et laissez lever sous un torchon humide pendant 45 minutes.
3 Préchauffez le four à 220 °C. Incisez le dessus du pain à l'aide d'un cutter. Enfournez et versez un peu d'eau dans la lèche-frite pour faire de la vapeur. Faites cuire 30 minutes.

préparation 35 minutes
repos 2 heures + 45 minutes
cuisson 30 minutes

index

marabout**chef**

Vous avez choisi *80 recettes faciles au fromage*, découvrez également :

Les basiques de la cuisine française
Gratins, lasagnes & crumbles salés
Salade bar

TESTÉ 3 FOIS • SUCCÈS GARANTI • TESTÉ 3 FOIS

Et toute la collection Marabout Chef :

BIEN-ÊTRE

120 recettes pour rester mince
21 jours pour mincir - tome 1
21 jours pour mincir - tome 2
Cuisine végétarienne
Recettes gourmandes pour diabétiques

ENTRE AMIS

Apéros et mini-bouchées
Barbecue & grillades
Cakes salés et sucrés
Verrines salées et sucrées
Brunchs entre amis
Cocktails avec et sans alcool
Macarons & petits biscuits
Pique-nique & lunch box
Pizza party !
Un dîner parfait

PRATIQUE

Recettes vite prêtes
Bocaux, confitures et chutneys maison
Gâteaux et desserts de princesse
Gratins, lasagnes & crumbes salés
Les basiques de la cuisine française
Les meilleurs desserts
Salade Bar
Spécial machine à pain
Poissons et crustacés faciles
Sauces, vinaigrettes & salsa
Recettes minute à la cocotte
Spécial pomme de terre
Spécial étudiants

CUISINE DU MONDE

Cuisine d'Asie
Cuisine du Japon
Cuisine indienne
Cuisine d'Italie
Spécial Maroc
Spécial Wok
Sushis & Cie
Tex-mex
Cuisine thaï pour débutants

Toutes les alliances des mets et vins ont été proposées par NICOLAS

Hachette Livre (Marabout) – 43, quai de Grenelle – 75905 Paris Cedex 15.

Mise en pages : les PAOistes.
Correction : Clémentine Bougrat.
Suivi éditorial : Natacha Kotchetkova.

Achevé d'imprimer en novembre 2012 par Canale Bucarest, Roumanie.
ISBN : 978-2-501-08416-1
41.2660.3
Dépôt légal : janvier 2013

NICOLAS
Affineur d'alliances
mets & vins
depuis 1822
Nicolas S.A. au capital de 1 921 152 € RCS Créteil B 312066 238